思想決定力量

諸葛亮86個字的誡子書
教會你面對人生的10種力量

鄭絜心——著

原書名：人生的十種力量

誡子書：

夫君子之行，靜以修身，儉以養德；非澹泊無以明志，非寧靜無以致遠。夫學須靜也，才須學也；非學無以廣才，非志無以成學。慆慢則不能勵精，險躁則不能治性。年與時馳，意與歲去，遂成枯落，多不接世。悲守窮廬，將復何及！

〈前言〉八十六字裡的十種力量

諸葛亮一生為國，鞠躬盡瘁，死而後已。為了蜀漢國家事業日夜操勞，顧不上親自教育兒子，因此寫下〈誡子書〉告誡他八歲的兒子諸葛瞻。

這封家書僅用了短短八十六個字，其文短意長，言簡意賅。然而，要將深思教誨精簡成八十六個字，談何容易？這其中如果沒有自身經驗的淬鍊，不斷地用思考去整合生活閱歷，是無法達到的。就如同我們一輩子要面臨的事情很多，不管是成功或者失敗，不管是罪惡或者良善，這其中的選擇並不容易。

在所有環境因素的引導之下，事情有各種可能的發展，也有各種解決的方法。只是，應該如何找對方法，不讓你的處理引申出更多問題，而是能夠真正解決問題、解除難關。思考，便是解決問題的方法。經由思考，我們才能找對方法解決問題，也才能為自我成長立下目標，不隨波逐流也不盲從。就拿賺錢來說。賺錢是天經地義，可是賺錢的方法有很多種，從偷搶拐騙到安居樂業；從努力工作到投資理財；從大是大非的事情到小奸小惡的事情，都可能讓你賺錢。可是，你要選擇哪一種？如果說，君子愛財，取之有道，那麼這個道的基本準則在哪裡？你該做不該做的份際在哪裡？

諸葛亮說：「險躁則不能治性」，所以賺錢應該「循序漸進」，不宜險躁行事。諸葛亮又說，「儉以養德」，如果你無法破除奢華的金錢觀，就很容易為了金錢而迷失自己應該持有的美好德性。你的金錢觀應該是量入為出，而不是為了獲取更奢華的享受不擇手段。

當我們難以抉擇的時候，諸葛亮說：「非寧靜無以致遠」。除非冷靜思考，否則你無法得到正確的答案，也不能保障你的生活穩定。

這些話語出自一位曠世奇才、治世能臣的生活結晶。短短的數十字當中，留給我們無限反思的空間。他告訴我們的，是一個做人的基本準則，不只為人，為道德，更重要的是，為了一個不迷失的自我。

本書便是從這八十六個字裡，理出幾大重點，而這些重點囊括了人生中最重要的十種力量：有寧靜的力量「靜以修身」、「非寧靜無以致遠」；有節儉的力量「儉以養德」；有好學的力量「夫學須靜也，才須學也」；有志向的力量「非學無以廣才，非志無以成學」；有執行的力量「淫慢則不能勵精」；有性格的力量「險躁則不能治性」；有時間的力量「年與時馳，意與歲去」；有想像的力量「遂成枯落，多不接世，悲守窮廬，將復何及」；還有簡約和計畫的力量……

本書是一篇教子箴言，更是一部成人的修身指南。讓我們一起聽諸葛亮老師的十堂人生智慧課，探討其中的巧妙深意，並結合現代人的行事所為，幫助我們釐清自身的為人處事。

人生不能重來，但你可以拓展生命的廣度。趕緊跟上來，隨諸葛亮老師修練出強大的內心。

〈自序〉諸葛亮是好父親，更是好老師

我們小時候都被教導要「今日事，今日畢」，可是基於人的惰性，還是不免會把今天的事情拖到明天，到了明天又想把它拖到後天。明日復明日，明日何其多，如果你總是把事情推到明天，那麼這件事情究竟要在哪一個明天完成？

人的每一個時期都有應該要完成的事情，每一件事情也都有它的黃金時機。如果錯過了時機，日後即使可以力挽狂瀾，也需要耗費更大的力氣。

諸葛亮要孩子莫等「年與時馳」、「意與歲去」。人只有在失去的時候才知道珍惜，而時間的流逝最無情，也最令人毫無知覺。雖然很多人都知道要把握時間，但是無法體認其重要性，總以為青春是揮霍不盡的。因此諸葛亮告訴他的兒子，把握時間同時也是把握時機。該出手的時候，不可怠慢。

諸葛亮又說「才須學也」、「非志無以成學」、「非學無以廣才」。他要孩子好好學習。年輕人總是愛玩，不愛唸書，無法體認到「知識就是力量」，諸葛亮則給了非常嚴正的督促。唯有吸收知識，我們才能有所長進，讓自己更有智慧，也更有能力迎向人生的每個挑戰。所以諸葛亮的〈誡子書〉當中一再提到學習這件事情。

諸葛亮又提到「靜以修身」、「非寧靜無以致遠」、「學須靜也」、「險躁則不能治性」。這是要孩子隨時保持安靜的心，從安靜中去學習，從安靜中修養自己的性情、思考自己的未來。安靜自己，是為了修身，為了治學，為了養性，更為了每一個決策的眼光，都能放長到最遠。

一個「靜」字，足以修正人生過程當中錯誤的決策，修養身心達到不被外物動搖的境界，足以將自己充實足夠。這樣一個字，是諸葛亮從人生經驗反覆成功和挫敗當中的結論。也就是說，它適用於成功，也適用於失敗，並且適用於各種抉擇。

而在諸葛亮〈誡子書〉當中，立志是最根本的主軸。他說：「非志無以成學」。成學是立志第一件要完成的事。我們都知道求學是非常苦的，除非先立志，以這樣的志向去追尋目標，征服萬難，然後我們才可能從浩瀚的知識之海，求得一點點「懂」。

我們的人生方向，也要從這個基礎出發，才能夠無所動搖，無所退縮地，一路達成我們的理想。時代和環境都在改變，可人生的幸福，和身為一個人的基本需求是不會改變的。即使科技再怎麼進步，也始終來自人性，都是以人為本。所以，身為一個人的基本需求和幸福不會改變，這些基本原則也不應該跟著時代和環境改變，危害了安身立命的基本之道。

諸葛亮一千八百多年前的智慧，在現今社會仍然有其參考價值。人生路途上，我有很多迷茫，很多困惑，現在依然有，未來也是。在找不到答案的時候，我讀諸葛亮，從當中清晰地知道自己想要成為什麼樣的人，自己又該往哪一方前進。

期望這八十六個字能夠穿越時空，深入你的心，將我們曾經的迷失拉回正途。願你從中得到力量，成就更好的自己。

目錄

〈上課之前〉思想決定力量

隨著時代的變遷，社會生活方式與時俱進。當時代巨輪走得越快，必須相容並蓄的成見和陳舊觀念也越多，結果就是整個社會的氛圍更寬廣自由。不知不覺中，許多紮實的人生哲理，因為太重，所以無法跟著時代的風吹揚起來，漸漸被遺忘。

市面上有許多書教人如何行銷、如何理財、如何唸書、如何經營管理、如何一夕致富、如何又如何地成功。

但是在遍覽古籍之後，我發現數百年以前，在古老的中國，已經有人將以上提及的各種安身立命之道，只用短短的八十六個字盡述無遺。這個人，就是在正史中名垂千古、在稗史中為人津津樂道的人物──諸葛亮。

我們如何看待諸葛亮這樣一個人物？是一介功臣？還是傳奇的神話？他在正史當中是一個極有智慧，並且擇善固執的人；他在稗史中，又轉為上通天文下知地理的傳奇人物。他在後代子民的眼中是一則不折不扣的神話，他的言行，非常人所能望之向背。

然而，有為者亦若是！諸葛亮的聰明才智或者是我們所不能及，但是我們可以藉由他的聰明才智所發展出來的思想，為我們的人生立定成功的基石。

思想決定力量。思想也決定你的位置；思想決定你的人生格局，也決定你無入而不自得的成功。

在諸葛亮的誡子書中，我們可以學到人生的十種力量：

一、寧靜的力量

「靜以修身」、「非寧靜無以致遠」、「學須靜也」。

諸葛亮告誡我們，只有寧靜才能夠修養身心，靜思反省。不能夠靜下來，則不可以有效的計畫未來，而且學習的首要條件，就是有寧靜的環境。

現實世界充滿了誘惑，人們很容易被頭銜、地位、財產、榮譽、美色等外界因素動搖了自我，改變了目標，甚至迷失了心志。只有在忙亂中靜下來，才能更好地反思人生方向。

二、節儉的力量

「儉以養德」。諸葛亮忠告我們，要透過節儉來培養自己的德行。在當前鼓勵消費的文明社會，只有審慎理財，量入為出，才不會成為物質的奴隸。

三、計畫的力量

「非澹泊無以明志」、「非寧靜無以致遠」。

諸葛亮告誡我們，要計畫人生，不要事事講求名利，面對未來要有志向、有理想、有使命感。

四、學習的力量

「夫學須靜也」、「才須學也」。

諸葛亮告誡我們，學習是成功人生的核心競爭力，如果配合專注的平靜心境，則事半功倍。

五、志向的力量

「非學無以廣才」、「非志無以成學」。

諸葛亮告誡我們，學習之前先要立志，志向一旦確立，就等於成功了一半。

六、執行的力量

「怠慢則不能勵精」。

諸葛亮告誡我們，凡事拖延就不能夠快速的掌握要點。

七、性格的力量

「險躁則不能冶性」。

心理學家說：「思想影響行為，行為影響習慣，習慣影響性格，性格影響命運。」諸葛亮則告誡我們，太過急躁就不能夠陶冶性情。

八、時間的力量

「年與時馳」、「意與歲去」。

諸葛亮告誡我們，時光飛逝，意志力又會隨著時間消磨，「少壯不努力，老大徒傷悲」，管理好自己的時間，善用每分每秒，才不會蹉跎歲月。

九、想像的力量

「遂成枯落」、「多不接世」、「悲守窮廬」、「將復何及」。

諸葛亮告誡我們，想像力比知識更有力量，要從大處著想，小處著手，腳踏實地做一番事業。

十、精簡的力量

以上諸葛亮寫給兒子的一封信，只用了短短八十六字，精簡地傳遞了具體的訊息。

與其學習各種成功的方法，不如學習成功的十種力量，畢竟在人生道路上，不論是事業、愛情、家庭，一個完整且沉穩的信念，就可以激發你的智慧去排除萬難。人生沒有一條道路是平順的，也沒有一條規則可以貫穿所有千奇百怪的狀況，然而我們學習了一個正確的思考方向，就可以對繁雜的事物有迎刃而解的能力。

第一堂課

寧靜的力量——

世間一切享受，沒有比內心的寧靜更為享受

寧靜的力量——
世間一切享受，沒有比內心的寧靜更為享受

人生最大的享受來自心靈世界的寧靜與充實。

在工作和生活中，如果我們能夠把心放輕鬆些，把一切看得淡一點，就能在得與失、成與敗之間泰然處之，收穫寧靜心界的快樂享受。也許我們的收入有些少，奮鬥過程有些苦澀，但是如果用一份安寧祥和的心境面對，不對財富抱有過高期望，不對未來做過多悲觀猜想，那麼我們就能免除許多不必要的煩惱，平順安全地度過坎坷挫折。同樣，如果我們能夠在獲得財富時不得意不炫耀，在時運俱佳時不驕傲不自滿，那麼這份安寧泰然的心境就會加持我們的好運氣，讓我們在人生的路上「風調雨順」。

一切快樂，沒有比生命的祥和更為快樂。

有一天，電視上訪問一位大師級的名人。這位名人不但飽讀詩書，在學術上有一定的成就，並且，他靈敏且精確的思考模式和思辨能力，深受公眾的佩服，具有相當的公信力。

主持人問他說：「聽說您的生活其實很無聊是吧？」

他點點頭。

「散步、思考、閱讀。」

這就是他生活的全部。

我們很難想像這麼一位在檯面上看起來咄咄逼人、對於許多事情都要發出聲音的風雲人物，實際上的生活竟然是那麼簡單。

散步、思考、閱讀，而不是工作、應酬、旅遊。

耶穌也說：「清心的人有福了，因為他們必得見神。」

當我們汲汲營營地到處求神問卜，期望得到神的指示、聽見神的聲音時，很多時候，我們聽到的是撒旦的聲音。

關於食衣住行功名利祿的撒旦聲音，因為我們不夠安靜。我們讓自己一邊求神問卜，一邊卻背對著神去看這個世界。

所以聖經上說，清心的人有福了，因為他們必得見神。

有一個旅人在沙漠裡迷失了方向。他看見遠方有一棵樹，以為會有一片綠洲，便往那個方向走去。雖然看起來很近，卻也行走了數公里之久，仍然沒有遇見那棵樹。

他慌了。這個時候，他看見地上朝西的方向有足跡，心想那個有人走的方向或許可以到達一座城市。於是他繼續走了兩天兩夜，而他所追尋的足跡早已被沙漠的風暴所掩蓋。

到了夜晚，他仰望天上的星星，希望北極星可以為他找出一個方向。可是，因為光害的緣故，連天上的星星也看不見了。

眼看自己就要倒在這一片荒蕪的沙漠裡，他大哭了起來，搥胸頓足地悔恨自己這趟旅程。

這個時候，他的手疼了一下。低頭一看，原來是一顆圓形的、一直掛在他胸前的指南針。

我想你一定有過類似的經驗。那就是急著要找一件東西的時候找不到，可是不想找它的時候卻踢到它。

你都說是運氣，是神助，可是，這其實是因為你在從容的時候耳聰目明，你的腦袋看得見。

這就是，寧靜的力量。

靜以修身

從前有個人，有一身好廚藝，經過幾年餐廳受雇的磨練之後，有遠見的他發現，身為一個廚師，可以說是一家餐廳生存和賺錢的命脈，可是他從老闆那兒所得到的報酬卻少之又少。

他認為，所有來餐廳吃飯的客人，都是為了他的手藝而來。這家餐廳每天高朋滿座，他居功厥偉。老闆大發利市全是因為他，了不起只是出了資金罷了。

這種念頭在他的腦中日積月累，令他越來越感到不滿。終於，有一天他和餐廳老闆大吵一架，當場拋下他的工作，掉頭離去，留下整場客人和老闆一陣錯愕。

因為不滿的情緒壓抑太久，經由這樣突如其來的離去，他想給老闆一點顏色看看，讓他知道「突然」失去了他，老闆也只有關門一途了。

離開那家餐廳之後，這位優秀的廚師正好有一些積蓄，決定另起爐灶，自行開設餐廳，把過去喜歡吃他做菜的客人，全部都拉到他的餐廳來。這麼一來，他就可以賺得更好的利潤，不再被剝削。

他的創業計畫很快就成功了一半。第一個月，許多老客人聽聞這位名廚自立門戶，都紛紛前來捧場。

可是到了第二個月，客人就漸漸散去。

原因是什麼？因為他們發覺，這家餐廳除了東西好吃之外，其他服務都很糟糕。

例如說，他的價錢高過附近的餐廳很多，即使是同樣菜色，這位廚師認為既然是出自於他的手，價值就比較高。

除此之外，他在購買食材的時候，和菜販斤斤計較，不但要最好的東西，而且把價錢殺到最低，連一點點利潤都不肯給人。他認為這些食材只有經過他的烹調才有價值，菜販對高傲的他很反感，寧可一毛錢都不賺，故意把食材賣給其他人。沒多久，批貨成為他最頭疼的問題。

又例如說，他全心慢慢地烹調他的完美食物，讓客人一等往往就是一個鐘頭。當他驕傲地端出自己的作品，許多人已經不耐煩地掉頭先走了。

還有，他因為和餐廳的服務人員處得不融洽，所以人手不足，無法提供客人完整的餐點，也無法維持餐廳光潔的環境。來的人都覺得，食物因此美味不起來，除了味覺之外，其他的感覺都很差。

大家都傳言，到他的餐廳吃飯是自找罪受。

禁不起幾個月虧損的他，終於受不了了。他跑回之前受雇的那家餐廳，想要向前老闆請教一番。

當他清晨一踏入這家尚未營業的餐廳裡，親眼見到老闆正在和菜販交易，他可真是呆住了。

這個菜販賣的東西是全市最好的，可是對他連理都不理。現在，菜販居然親自送貨到這家餐廳給老闆。

「總共是四千五百八十元。」那個菜販說。

老闆掏了五千元出來，推說不用找錢。「辛苦你送東西過來。」

可那些東西在廚師的眼裡，他可以殺到四千元不到。這老闆瘋了嗎？他不懂得壓低成本嗎？菜販送貨過來是他的責任所在，為什麼老闆要多付錢？

只見菜販開心地收下錢，偷偷塞給老闆一塊上好的牛肉。「這是今天市場上唯一的一塊精華，特地留給您的。」

老闆轉頭對他說：「你要省錢，別人要賺錢。當大家都覺得心滿意足，交易就會很愉快。」

菜販走了之後，老闆和員工開始仔細打掃餐廳裡外，每一個角落都不放過。那是清晨六點鐘。廚師曾經要求他的員工這個時候來打掃，但是沒有人願意。眼前這幾個主僕卻勤奮地打掃著。

「你要睡覺，別人也要睡覺，所以你得來幫個忙，讓別人不會感到自己特別辛苦，這樣工作才會愉快。」

到了開市的時候，一半員工上前殷勤招呼客人，一半員工則進入廚房忙碌。從點菜到上桌，不會超過十五分鐘。很快地，一桌換過一桌，餐廳始終高朋滿座。

老闆對他說：「吃飯對人來說是一件非常享受的事情。所以你要將心比心，你吃飯的時候希望享受的是什麼，身為餐廳老闆，你也要讓你的客人享受到什麼。你什麼都只想到自己，顧不了別人，有誰願意把錢讓你賺呢？」

廚師這才豁然開朗。原來，他空有一身好廚藝，以為憑此就能跟老闆一樣賺大錢。可是不懂得待人處事的結果，仍舊枉然。

不懂得修身，人就只有隨著自己的慾望放大，沒有天助、沒有人助，只能自助。不懂修身，人就會隨著自己的貪婪起舞，到處侵犯別人的生存空間，四處樹敵。

古人有言，「修身、齊家、治國、平天下」。先修身而後能齊家，先齊家而後能治國，先治國而後能平天下，臻於一個成功者的境界。而這四件事情不是一起來，也不是一起完成的，它循序漸進，並且以「修身」為根本。

任何一個人，無法在全數放大自己原始慾望的情況下，達到成功的境界。在這個世界上，任何一件事情的完成，我們只是其中一顆小螺絲釘，最多就只是核心引擎，但是我們不可能同時包辦所有工作，獨自完成一部機器的運轉。在過去的農業時代，或者生活環境單純，或者分工不專精，所以偶爾有些事情還能在一人兼理數職的情況下勉強完成，但是耗時費日，不符合經濟效益。

到了近代，生活環境更為複雜，時代的運轉在科技的助力下更為快速。當每個人的職業走向更細密的專業化，我們就更沒有機會排除他人而獨力完成任何事業。我們必須和許許多多的人互動，才能維持生活的順暢，進而完成自己的夢想。

所以在群體社會裡，我們必須先有一套安身立命的法則，不論處於順境逆境都可以放諸四海皆準的法則，然後我們遇事不會驚慌、遇人能應對得體，努力的方向有了一個穩固的生存法則為原則，過程當中不論遭逢什麼是非都能更游刃有餘。這個時候，只要再加上一點努力，離夢想之途便不會遙遠。

非寧靜無以致遠

如何修身？修身，用簡單的說法來解釋，就是將你因為這個身體而帶來的慾望，適度加以整理。

為什麼必須適度地整理慾望？那是因為我們都活在一個群體的社會，每個人都有自己無限的慾望，並且可能為了這個慾望而生殺擄掠，進而走向滅亡和瘋狂。

當一個人的貪婪侵略到別人的貪婪，並且這其中毫無理智的約制，那麼最後的結果就如同野獸的掠奪般，失敗者走向滅亡，成功者走向瘋狂。

我們修身的目的，是為了當一個不滅亡的失敗者，也是為了當一個不瘋狂的成功者。因為人生之途，不是在一次戰役中就結束。

失敗了必須重新站起來，成功了要追求下一個成功。這是擁有生命和靈魂的人，應該要有的源源不絕的希望。

日本許多知名企業家在訓練他們的二代接班人時，多半讓這些接班人一開始到其他公司從頭做起，而不是一開始就在自己的企業裡培養。理由是為了培養一個人才完整的獨立性，即使到陌生、沒有庇護的環境裡，依然可以靠自己的力量面對工作和人事。

一個人如果沒有平靜的心，就達不到修身的目的。修身在於能忍，忍住內心對外在一切誘惑的反應，才能夠清楚看見自己的真面目和優缺點，確實反省，進而改進；也才能夠看清楚自己的人生目標和努力的方向。

一切盲目的努力都不困難，就好像反覆不停地讓身體勞作一件事情，並不困難。但是努力的方向若是一開始就錯誤，那會永遠事倍功半，無法達到目標。

而努力的方向不但要正確，也要符合自己的興趣和個性。能夠結合這些條件，那麼努力就不會枉然。然而，我們的內心若是不清靜，就無法看清楚自己獨特的路，永遠隨波逐流，今天看見別人拿高學歷，就想去拿高學歷；明天看見別人做生意，就想跟著去做生意；後天看見別人做個穩定的上班族，心裡就覺得這樣的生活也很好。

尤其在這個資訊和電子媒體發達的時代，我們每一天都被新鮮、震撼的事情所打動，所以更需要冷靜自己，以免腳步跟著眼睛所見的錯亂。

有個朋友，從大學畢業到現在，換過不少工作。他一開始選擇會計系作為大學的志願，目標就是成為一名專業會計師。後來他發現，會計師所做的工作並不見得能夠達到他所嚮往的專業目標，於是他轉向考國家考試，認為專業的調查人員或許能夠實現他心目中正義的理想。

在職場上，他不斷挑剔公司所有的人事佈局、主管理念，不管走到哪裡，總覺得大家都是錯的，不肯丁點妥協，也因此工作一直不順遂，生活不甚穩定。

最後一次因為和主管起了嚴重爭執，他離開待得最久的職場。那個時候的他滿臉倦容，手上是一疊求職資料─國家考試的資料。

「現在呢？」我問他。

「在找工作啊，邊工作邊唸書考試。」他對我說。

「休息一段時間吧。」我對他說：「你看起來好累。這麼累，你怎麼決定事情，怎麼作事情呢？」

我們那一晚討論的結果，是他減少開銷，徹底放逐自己一段時間。大約有一年的時間，他每一天所做的事情，就是和家人相處，看書，看電視。漸漸地，以往三天兩頭就要打電話歇斯底里哭泣的他，變得非常冷靜。

一年之後，他對我說：「我發現我的個性並不適合外面的職場，所以決定去考公務員，那種把自己份內的專業做好，不必太高的理想、沒有人事紛爭的環境比較適合我。」

事實證明他把自己放到對的位置上了。平靜的生活和冷靜的情緒，讓他現在看起來既知足且快樂。

「以前我老是因為別人和我意見不合就覺得生氣，」他對我說：「可是現在，我居然可以很冷靜地看待別人的決定，並且釐清其中的前因後果，對我處理事情幫助很大。」

在盛行金錢遊戲的現代社會，我們常常看見有人一夕致富，有人一夕之間垮台。致富之後往往就是生活全面翻盤，從一餐二十元的滷肉飯變成兩千元的大餐；從二十幾坪的小公寓，換成千坪豪宅；從粗茶淡飯，到錦衣玉食。

而一夕之間的垮台，也常常是兵敗如山倒。從一開始支票跳票，到遠走他鄉躲債，到心智渙散，到希望敗壞。

一個人的生命，說長不長，說短也不短，但是我們操作生命的方式，卻往往炒短線。用短期的希望看待，也用短期的精力付出，然後期望短時間開花結果，沒有在短期間看到結果，就選擇放棄，再找下一個目標。

於是，我們的事業和生命方向總是朝令夕改，總是如流水轉動、如浪起伏，我們的生活也總是隨風飄搖，我們的心永遠無法安定。

小的時候，我們被教育的方式就是，「如果你這一次沒有××××，你就完蛋了。」因為怕完蛋，所以我們非常努力，一次又一次過關斬將，得到不少的掌聲和屬於自己的快樂。

當然，也有挫敗的時候。當挫敗來臨，往往要莫名其妙地絕望好幾天，才能重新站起來。

在成功和失敗交錯而來的日子裡，心情就像乘坐雲霄飛車一樣忽上忽下。成功的時候，無法咀嚼努力的成果和快樂很久，就繼續追逐；失敗的時候，也沒有太多的時間反省檢討改進，就直接進入沮喪，再急著重新站起。

結果就是，我們能夠做的事情永遠是那樣；我們必然要失敗的事情，也沒有因為改進而變得更好。

在《三國演義》裡，諸葛亮的形象是羽扇綸巾、優雅自如地漫步行走。劉備急切地求才三次，沒有令他振奮到失了方寸。草船借箭時，沒有因為兵力不足而驚慌，冷靜以待，最後大獲全勝。

我們可能因為一次的成功而大獲全勝，但是這個時候人生還沒有過完；我們也可能因為一次的失敗而一敗塗地，但是這個時候人生也還沒有過完。

面對困境，我們當然要有重新站起來的力量。但是更重要的是，我們要有一股內在寧靜的力量；一種不以物喜、不以己悲的力量。因為人生不容短期操作。

一旦掌握了人生方向，我們就必須全力以赴。而在這過程當中，縱然有小小的驚喜，不至於令自己亂了腳步，忘記自己更遠大的目標；即使有小小的挫敗，也不至於摧毀自己的心智，放縱頹唐。唯有一步一腳印的寧靜，才能使我們人生的路走得又長又穩固。

學須靜也

相信各位在學生時代都有過上圖書館的經驗。圖書館往往人滿為患，搶不到位置。於是搶座位就成為學生時代非常痛苦的經驗。為什麼要搶？因為似乎除了這些地方之外沒有更好的讀書環境。

圖書館或者閱覽室不一定很安靜，也不一定完全聽不到一丁點兒吵雜聲。可是學生們要唸書，還是到這些地方。

離開了學校，為了國家考試，還必須花錢到K書中心去唸書。K書中心人多嘴雜，位置很狹小，要唸書並不是一件非常愉快的事情。

其實需要安靜的不是外在環境，是內心。

在圖書館裡面，你唯一能看到的就是書和桌椅，你唯一能做的就是唸書，一致的環境能讓你看著自己的書本時，不會輕易被外界打擾。雖然是非常單調無聊，但是可以讓你的心思安靜。

然而，看書可以不需要安靜。過去唸書的時候，我並不喜歡到圖書館去搶位子，就算搶到位子我也會睡著，所以我都到速食店去看書，背書的效果也不差。可是，真正作學問需要安靜。

安靜，是為了思考。

孔子說：「學而不思則罔，思而不學則殆。」意思就是說，如果只是學習，卻不知道去理解思考，舉一反三，那麼這樣的學習是枉然的，等於沒有學到。

諸葛亮說「學須靜也」，是因為只有在看懂、聽懂、讀懂之後，再經過一番安靜的思考反芻，那麼這個學問才是你自己的，而不只是把所學到的東西複製到自己的腦袋裡面，那樣的學習是沒有用的。

佛教有打坐的儀式，基督教有晨修的時間，除了安靜，沒有更好的方法提升自己。

一天有二十四個小時的時間，有太多的事情要處理。如果你總是在旋轉，沒有一刻安靜，那麼即便你有再多的人生經歷，都不足以讓你從中得到教訓和反省的機會。

於是，你很有可能重複地做一些錯誤的事情，這些錯誤成為你的習慣，就算一再踢到鐵板也不知修正。

當你在一天八個小時的運轉之後，應該安靜下來，回頭看看今天發生的事情，無論是對的、錯的，然後這些經驗才能補給你的生命，增加你對環境的抵抗力。

如何讓自己靜下來？

年輕人除非家庭富有，否則你很難，真的很難在三十歲之前得到太多的物質享受，太高的社會地位。

可是當媒體一催促，我們就著急，急著想要擁有媒體所說的那一切耀眼的物質和生活。當世界說什麼是好的，什麼是重要的，什麼能讓你快樂，你就往那個方向走。這無疑是多頭馬車，因為你無法面面俱到，把每一種東西都把握住。

於是你開始失去了方向，你甚至忘記自己喜歡的是什麼，不喜歡的是什麼。你開始困擾著無窮的生命思索。

你的生活很不安靜。

諸葛亮說，寧靜以致遠。那就是說，如果你不能自己安靜下來，默默地堅持往你想要的目標走，那麼無論你做什麼事情，都將要半途而廢，沒有結果。

你可能可以得到一份足以勝任的工作，但是你只會成為那個工作的奴隸，沒有辦法深入到更高深的層面；你可能有一個情人，但總是不知道如何對待相處，從兩性關係當中得到溫情；你可能還有一份小存款、一間房子、一部車子，可是你不知道如何運用存款去做自己喜歡的事情，除了累積數字之外，你也不知道如何從居家休閒生活中得到快樂，更不懂得把車子開到郊外去享受大自然的美景。

你擁有的這一切並不能讓你享受，只是徒然讓你成為這些物質的奴隸。它們唯一的優點，就是足以讓你向這個世界宣示你的地位。

這不是你想要的。

如何讓你自己安靜下來？

第一，關掉你的電視機。

不要常常看電視，要看書。前者是資訊，後者是知識。沒有知識作為基礎，一味地吸收資訊，只會干擾你的判斷力，影響你的思考邏輯。

媒體是一個需要群眾的行業，沒有群眾，媒體就會沒落。然而什麼最吸引群眾？就是人性的黑暗面，就是勁爆的話題和內容，把所有的資訊再添加好幾分色彩上菜，讓人看似色香味俱全，其實都是味精和人工調味料過多的食品，對健康只有傷害沒有幫助。

當媒體又和商業掛上，那麼所有的訊息都會導向消費，讓你越來越著急，越來越汲汲營營他們所說的那些物質、名利和地位。

你想要短線炒作，但是請記住，沒有一個偉大的事業成就於短期炒作。

所以關上你的電視機，打開你的書本。不要讓影像影響你的眼睛，不要讓聲音影響你的耳朵，只有閱讀和思考，才能使你更有判斷能力。

第二，推掉不必要的聚會。

朋友聚會是生活當中的調味品，不要當成正餐每日食用，否則它會要了你的命。

有個人一直在交際圈當中得到快樂。他的朋友捧他，他的同事捧他，他們在一起除了打發時間和笑鬧之外，沒有建設性。可是這幾乎花去了他絕大多數的金錢、精力和時間。直到有一天他發生困難，這些人一一離去。

真正的朋友不需要常常見面，不需要說太多沒有建設性的話語來取悅彼此。他們只是在你發生困難的時候，給你一個溫暖擁抱的人。如果你有真正的朋友，你就會發現，即便不按時聚餐，這個人也會因為認同你、了解你而支持你的任何決定，不會打折扣。他們自己會去找樂子，不需要同甘，但能共苦。

當你真正遇到困難的時候，其實不需要太多七嘴八舌的意見，通常你只需要一個溫暖的擁抱，以及一顆願意傾聽的心。

真正的朋友會認同你且相信你，不會給你太多雜音。因為只有你的心知道，你需要什麼不需要什麼，他們能作的，只是為你分析利害得失。如果你總是把朋友的決定當成自己的決定，那麼，當大家意見不合的時候，你又該聽誰的？

請推掉不必要的聚餐，以及不必要的倒垃圾約會。你的寂寞，你的人生方向，只有你自己可以解決。

第三，敢放棄。

當你在一條路上走到無路可走的時候，你必須放棄。

因為如果你繼續攪在那樣的漩渦當中，將會走不出下一步。

有個人對自己的工作一直感到格格不入，這種感覺讓他無法全心投入工作，同時也讓他和同事之間的相處出現了重大問題。為此，他陷入一般人所說的憂鬱症。他日夜煎熬，無法入眠。他放不下這份穩定的薪水，卻又不能打開心防接受他人。他日以繼夜痛苦了兩年。

有一天，他終於勇敢地放棄了這份工作，打包收拾回家的那一天，他感覺如釋重負，許多對未來的計畫一件一件地浮現在他的腦海中。

這一次他並不著急。他選擇了什麼都不作，什麼都不想，用兩年的積蓄換取一個月很平靜的生活。最後他發現，原來生活可以非常簡單，他並不需要為了這份薪水可觀的工作犧牲掉可貴的幸福。

看透了這一點之後，他發現自己的工作選擇更大了，許多以前他不放在眼裡的工作，都一個一個向他招手。

最後，他選擇了一份自己夢寐以求的工作，在那裡，他用微薄的薪水換到的是更高價的幸福。這份幸福感使得他全心投入工作，得到很大的成就。

有的時候人生需要挑戰；有的時候人生需要掙扎求生；有的時候，你只需要放棄，沒有顧慮地放棄。因為只有放棄，才能讓你走開，才能讓你清醒，原來你所擁有的，你不一定需要，可是付出的代價卻是無可計量。

第四，專心一致。

這個世界很喧嘩，很美麗，也很多采多姿。

許多年輕人喜歡嘗試各種新鮮的事情，不論這件事情的好壞。太多的計畫，太多的變化，太多的新鮮事，讓他們的生活非常忙碌。許多人說，非要見識這個社會不可，所以讓自己投入了許多混亂的環境和場面。

他們把所有辛勤工作賺來的錢、和家人朋友相處的時間，以及少得可憐的休息時間，幾乎全數投入那些花花綠綠的東西。他們說人生如花朵，要如此變化和激情才能震盪出力量。

我認同這樣的想法，但是，我想請問的是：你能從花花綠綠當中抽身嗎？或者是，你用一切生命中最美好的事物去換取這些所謂的人生經驗？

有些人的自我控制和腦袋特別清醒，但是大多數人往往容易迷失。

生命從出生的那一刻，就已經進入倒數計時，不管它有多長多短，每分每秒都在消失。你一天只有二十四個小時，一個星期只有一六八個小時，扣去每天平均八個小時的睡眠，你只有一一二個小時，要分配給你的工作和親人朋友。如果你無法專心一致，把握住生命中最核心的生活，那麼就算你的日子過得多采多姿，也不過如曇花、如泡影，無法持久。

有誰會犧牲最重要的時刻，去換取那些枝枝節節呢？

我們需要專心一致，把生命中最美好、最重要的那些部分經營好。如果我們總是輕忽怠慢，那麼日後要失去的無可計量。

第五，不攀比、做自己。

人總是愛比較。但是人比人，氣死人。

古往今來，沒有一個人堪稱完美，因為我們都得在短暫的歲月中低頭。當你從事一件工作，和一個人交往，你就應該專心一致。因為你必然是經過慎重選擇，才從事這樣的工作，和這樣的人來往。你的專心一致，是對自己的選擇最好的交代。

我的朋友向人抱怨她男友的種種不足和不是，還說：「換個男人有多好。」

結果那人反問她：「換個人，妳確定會更好？」

她怔了怔，無法回答，想起了她的男朋友，雖然不如自己期望中的英俊瀟灑，溫柔體貼，但是對待她忠誠且認真負責，要說出個不能要的理由，還真是說不出來。

當然，我們有許多選擇，這世界上一定有更完美的人、更好的工作、更了不起的頭銜，但是，我們可能徹底巡禮再作決定嗎？我們的人生可以這樣子揮霍嗎？當然不可能。我們僅有的一輩子，或許容許我們看得見更好的人事物，可是不容許我們每個都抓牢。

最美的東西，要付出最高的代價，而你，你是如此渺小有限，不可能面面俱到，樣樣都好。

當你總是抱怨、嫌棄、忽略，那麼就算有再好的東西在你身邊，你也沒有享受的能力。

人總是很輕易地看見別人手中的好，卻不容易看見自己手上的寶；看不見人後的悲哀，只看得見人前的光華。但其實那些更好的工作，你不一定做得住；那些更好的人，你不一定擁有得了。你所能做的，就是好好把握住身邊的一切，讓你所擁有的人事物，因為存在你的身邊，為你發光發熱。

找到內心寧靜的十個錦囊

現實世界充滿了誘惑，人們很容易被頭銜、地位、財產、榮譽、美色等外界因素動搖了自我，改變了目標，甚至迷失了心志。然而，真正的幸福只能在內心世界中找到，任何一種外在表像都無法替代心境所帶來的自我感受。如果你已經被繁雜的現實與無盡的欲望沖昏了頭腦，那麼就請打開下面十個智慧錦囊，解救自己的心靈，營造安寧的心境吧！

錦囊一：心境決定處境

生活是由內而外的，你快樂，身邊的環境就會愉悅；你悲傷，周圍就會充滿挫折與不順。萬事萬物都是中立的，沒有絕對的正面與負面，讓它積極還是消極，完全取決於你的心境。當你學會用樂觀的心態看待一切事物，你的生活也會變得越來越美好。

錦囊二：生活歷練成長

生活中難免有些事情讓你覺得不爽，感到沮喪或不愉快，然而這並不能說明你就此失敗，更不能說對你毫無益處。就像藥品，雖然吃起來不怎麼好受，卻能讓你恢復健康。

生活就像一間教室，每個人都是到這裡來學習的學生。我們在挑戰與壓力中逐漸成長，吸取經驗教訓，最終變成一個富有智慧的人。

錦囊三：學會放下

人生中，我們要經歷很多改變，每次改變都意味著我們要放下眼前，才能去追求未知的領域，開始新的冒險。就像馬戲團裡表演高空鞦韆的小丑，每一次凌空飛躍，他都要放掉眼前的鞦韆，才能保證抓住下一個鞦韆。同樣，如果我們把眼前的東西看得太重，抓得太緊，拒絕放下時，也就無法擁抱嶄新的生活。

錦囊四：障礙是隱藏的朋友

如果你是一塊黏土，上帝想把你塑造成一件精緻完美、前所未有的藝術品，那麼他就必須用雙手重重地拍打你，用刻刀狠狠地在你臉上刻畫，再用砂紙不斷地在你身上摩擦。這就如同我們在生活中遇到的種種困難與障礙，它們正是用一種強烈、激進的方式打磨著我們，讓我們成為人生中美麗的作品。

錦囊五：與自己的心化敵為友

我們的心擁有著無限的力量，透過每時每刻的投射與反應，創造著我們的人生和價值。如果你對自己的內心世界不加管理，放任自流，那麼它就會成為你的敵人，給你滿足的同時也讓你痛苦。相反，如果能夠學會和自己的心靈交朋友，善用這股強大的力量，那麼它就會把你帶到積極歡樂的境地，與你分享人生的喜悅。

錦囊六：讓勇氣大於恐懼

恐懼是生命中一副沉重的枷鎖，它讓人害怕失敗、容易犯錯、不敢冒險，甚至悲觀絕望。當你感覺自己快要被恐懼感壓得喘不過氣時，請立即召喚出自己心中的勇氣超人，讓其變成滋潤心田的夢想家，為自己加油打氣，最終破除恐懼的枷鎖，重獲力量與自由。

錦囊七：愛自己才能愛別人

大多數人認為，愛必須要有一個對象才能進行，然而事實並非如此。真正的愛之源頭，其實來自於每個人的內心。如果一個人無法感覺到心中的愛，那麼他也就不能讓愛的小溪流向別人的心田，也就談不上愛對方。因此，愛源於自我，只有學會愛自己，才能愛別人。

錦囊八：感激使你心碎的人

我們的身邊往往會出現一些特殊的角色，比如把你踩在腳下的對手、背叛你的朋友、欺騙你的情人等等，他們用激烈的行為和舉動重重地傷害了你的真情，讓你心碎，對這個世界充滿憤恨。其實，他們正是在用特殊的方法挑戰你的能力，讓你看到自己的弱點，從而取長補短，獲得有力的成長。因此，大可不必嗔恨於那些讓你心碎的人，反而應該心存感激。

錦囊九：真正的自由源於心態

人生在世，任何人都不能控制外界事物的發生與發展，唯獨能做的只有控制好自己的意志。內心世界的真正自由並不是由外在因素所決定，它完全取決於你的心態。如果你無法掌控自己的心志，讓情緒肆意宣洩，行動毫無章法，那麼也就無法把握自己的人生，最終變成生活的傀儡。相反，如果你能夠常保樂觀積極的心態，面對任何困境都能泰然處之，那麼你也就能啟動內心的力量，去創造自己想要的未來。

錦囊十：讓愛與熱情滋潤心田

在我們遭遇挑戰、感到憂慮的時候，如果能夠讓愛與熱情充滿心田，就能找到出路，收穫寧靜與成功。真摯的情誼與大愛能夠化解世上的一切人際危機，緩解人與人之間的矛盾與壓力。而飽滿的熱情能夠突破生活中的所有挑戰與難題，推動人們走出陰霾，邁向光明。因此，愛與熱情是生命的最高共鳴，心中有愛、充滿熱情的人才是最快樂的。

第二堂課

節儉的力量——

審慎理財，富足一生的生活方式

節儉的力量——審慎理財，富足一生的生活方式

擁有某名校博士學位、在某外企擔任部門經理的劉華信，拿著高薪，終日穿著名牌西裝，開著賓士車，出入高檔場所，可謂風光無限，羨煞他人。可讓很多人想不到的是，年已不惑的他卻始終沒找到自己的「另一半」。

也許有人覺得是不是他眼光太高，誰都看不上？還是他長得太「抱歉」？其實都不是。劉華信雖然長得比潘安差點，卻也風流倜儻，而且他眼光也不算高，之所以遲遲沒找到女友，其實是因為他是個徹徹底底的「月光族」。

那麼高的收入，怎麼會成為「月光族」呢？從步入社會開始，劉華信就抱著這樣的想法：「我收入這麼高，職務也不低，當然要享受人生。即使現在不是富人，也得在生活上向富人看齊。」

想到這裡，他便貸款買了車、租了高檔公寓、喝法國香檳、品卡布奇諾咖啡、去西餐廳吃飯……錢賺得雖然不少，但花得更多，工作了十年不但一分錢沒攢下，還欠了一屁股債。

很多和他相處了一段時間的女孩子，最初覺得他體面光鮮，花錢大方，很能裝門面，也樂於跟他出入高檔場合，可一想到買房子過生活這些事，都開始打起退堂鼓。一分錢攢不住，有多少花多少，甚至還欠債，誰敢跟他過一輩子啊？

在今天這個崇尚消費的時代，很多人也像劉華信一樣，被物慾沖昏了頭。在媒體的促銷之下，他們開始覺得自己的生活不完整。這種不完整的感覺不是來自於生活方式的不完整、心靈快樂的不完整，而是總覺得缺少了某個商品，日子就不完整，人生也不完整。

比如，今年秋冬風行皮草。這個時候，人手一件皮草，媒體上曝光的明星和名媛身上也是皮草。每個人身上都有皮草，就好像每個人身上都有一對眼睛一樣，沒有皮草的就不是人，不是能走在街上的人。於是，原本你覺得皮草是一件既遙遠不實用也不合你胃口的東西，卻突然之間，你的胃口被改變了，你的需求被挑起。

身上缺少了一件皮草，你有點難以跨出大門。

於是，你需要皮草。

不久之後，電影《浮華新世界》要上映了，嗅覺靈敏的媒體又再度帶著你來到浮華世界，一覽其中風華絕代的情景。鏡頭就正對著女主角身上的首飾，繁複且閃亮的多重設計，搭配整個電影炫麗鋪陳的場景，吹來一陣陣十九世紀巴黎的夜風。

原本你喜愛極簡的搭配、俐落的設計、簡單的造型，可是這個時候，你突然覺得自己很土氣，除非擁有一串繁複貴氣的項鍊戴在身上，否則出門總是矮人一截。你發現自己的珠寶要更新。

你的汽車本來是你喜愛的款式，小巧而靈活；汽缸不是很大，但是剛好足夠你的日常需求；造型雖然不特別突出，卻很經典持久。

當新車大展來了，他們告訴你今年最受歡迎的新車是什麼，擁有了哪些你的汽車所缺少的功能（雖然你很確定你用不上衛星導航和倒車攝影機）。這個時候，你開始覺得自己很像三級貧戶，你需要一輛上相的汽車，否則就不會開車了。

媒體這個時候還不會放過你，它要抓著你的眼睛告訴你，一整年下來最流行的整型風潮，從看得見的地方到看不清楚的地方，甚至根本沒有人會看見的地方，都需要整一整。

你過去花了大把鈔票去瘦身美容中心都太慢了，原來現在有更快的方式得到好身材。而且媒體還恐嚇你，沒有好身材，長得太胖太醜，就連工作都找不到。於是，擁有一份穩定工作的你，開始惶惶地考量到下一份工作，令你坐立難安。

就算你走進藥妝店，也可以看見許多神奇的商品，它們能餵養你的健康，改善你的體質，加強你的抵抗力，便利你的生活……你一圈走下來，驚慌地發現自己以前沒有這些商品居然還能活得下去？

轉到購物頻道，所有的東西都比外面便宜許多，不買簡直是對不起自己的荷包。就算是一只鍋子，也讓你幻想出擁有這支鍋子之後，能讓從不下廚的你變出色香味俱全的菜色。就算是一個健身商品，也能讓你幻想出魔鬼身材。就算是一支表，也能讓你想像擁有它之後，可以提升自己的社會地位。

當大夥都迷上某一部影片的時候，你總是要進戲院去「看一下」，就算你不是很喜歡也沒什麼興趣。

但是日子就這樣過下去，沒有理由。

你每天走在臺北街頭，都覺得自己的生活是不對的，是不完整的。媒體告訴你有錢人過著什麼樣的揮霍生活，那是你一輩子也得不到的東西，你感到沮喪，無時不刻地沮喪著。就算你有一份很好的工作，很穩定的感情生活，也不能滿足你。

除非你變成那些大明星，變成那些有錢人，呼風喚雨地過日子。

媒體告訴你，你是不完整的，所以你就不完整了。除非有他們所說的這些商品，否則你的日子不會完整。

你會發現，似乎除了這些物質之外，你生命中其他擁有的、看不見的東西，都不再重要。你的心變成一個無底洞，裝再多的東西都無法使你心滿意足。

不再自由

節儉的力量是自由。

我的朋友A，月入只有三萬元，可是過著五星級的生活。他不在乎每個月多交一堆循環利息給銀行，也要「分期付款」買下自己喜歡的名牌和食物。

每到月底他就苦哈哈，這個時候，身上沒有任何現金的他，花不起一點錢吃路邊攤，但是可以用信用卡到餐廳消費吃更高級的料理。我們常常笑他是「貧窮貴公子」。

不久之後他買汽車了，即便各方親友勸阻，仍然沒有辦法阻止他以十萬元的頭期款買下標緻二〇六。

買車的第一個月很快樂，他開著他的跑車到處飆，日子過得好不快活。直到有一天晚上，我打電話給他，發現他竟然睡在汽車裡面。

「發生什麼事情了？」我緊張兮兮地揶揄他：「是不是債務人堵在你家門口，你不敢回家呀？」

「不是。」他哀怨地對我說：「是因為太晚回家，沒有車位可以停，只好睡在車裡。」

不久之後他要搬家，整整打包了三個晚上才把東西收完。兩台中型卡車載完他的家當。搬家的那幾天他心力交瘁，因為每一樣東西都很貴重，禁不起一點點不小心撞擊。

他終於崩潰。

他說：「這些東西我一個月摸不到三次，卻要為它們這麼作牛作馬，唉！」

而且，這些東西的錢還沒有完全付完，每一個月，都被銀行追討利息。當他看著身邊的好朋友一個一個在年假當中都收拾行李出國去玩了，而他正要面臨卡爆的危機，困在這個小小的島嶼上，忍不住悲從中來。他承認，他失去了自由。

我發現擁有一件東西是一體兩面，擁有讓你得以享受它，但同時你也受到它的支配。這個東西讓你付出的代價是時間、精神、金錢，如果它對於你沒有提供相對的價值和利益，那麼就是浪費，浪費你的時間、金錢和精神。

從我的朋友A擁有一部汽車開始，他就陷入了被汽車擁有的生活。原本他可以騎著機車上班，停在人行道或者任何不用付錢的地方，在這個城市靈活地到處遊走。他也可以搭乘大眾交通工具，花幾十元可以載著他到他想去的任何地方，拍拍屁股下車，沒有煩惱。可是擁有了一部汽車之後，雖然免去了身體奔波之苦，卻要面對為車奔波之苦。

他約會開始遲到，出門常常找不到車位，回家也沒有自己的車位可以停，生活老是在為車位煩惱。幾個月之後，他告訴我自己已經很少開車出門，原因是油價花費太高，負擔不起。

他說他失去了自由。

我們總是在追求更高、更好的享受，所有的科技物質發展也朝著人類這樣的需求進行。但是，沒有一個人可以這樣全面地擁有所有物質享受。

我曾經試過，經過一天疲累的上班生活之後，其實你最需要的，是一碗麵、一台電視機，一個人。你沒有多餘的時間把玩你手上的那麼多東西。在假日，最幸福的是和家人或者朋友吃一頓飯，然後回家休息。想出遠門要籌畫很久，而且衣櫃裡面那些美麗的衣服和鞋櫃裡的新鞋子，你總是找不到適當的時機去穿。現代人擁有太多用不到也享受不到的東西，卻還是要拚命地滿足心裡沒有完全的那個夢。

擁有一件東西，你其實就失去雙重自由。

一個是不被物質綑綁的自由，一個是不受金錢支配的自由。

監守自盜的背後

最近，某家銀行爆發了非常嚴重的行員監守自盜案，客戶的帳戶被行員移走三千多萬元現金。

失業的人到處搶劫，他們是因為生活過不下去。可是有工作的人在掏空公款，他們又是為了什麼？

是為了過他們過不起的生活，消費他們所負擔不起的消費。

監守自盜是所有企業的大忌，這種給老闆扯後腿的事情，只要一次，終生不能在社會立足。有一雙不乾淨的手，伸到哪裡都要被拒絕。

迫不得已的悲劇可以被原諒，但是為了享樂的盜取，對於辛勤打拼的人而言，是不可原諒的。

所謂的廉潔，指的是在公事上的金錢往來，只要不是屬於你的，你一分一毫都不拿。這件事情說來容易，可是作起來並不容易。包括公事上的資源、公事上的現金流動，都不是屬於單一個人，沒有人可以用私人的名義去動用。

平常要作到很容易，一來它確實不是你的，二來這背後要背負很大的壓力和代價。可是狗急會跳牆，當你不缺錢的時候，流過你手上的金錢可能都只是數字，你不以為意；可是當你缺錢的時候，流過你手上的金錢都是白花花的銀子，每一個角度都閃爍著致命的誘惑。

當你對物質有著很高的打算，那麼金錢對於你來說就意義非凡。因為它代表著你可以藉由金錢得到好東西，而且你所想要的，是你的薪水沒有辦法負擔的。

縱觀這幾年的社會新聞，監守自盜案件沒有一件不是因為「缺錢」所引起。

一個有正當工作的人，月薪是固定的，可是最後財務出現問題，負擔不起自己的生活，這是為什麼？

這是因為過度消費的結果。

我常常想，一個人一個月究竟需要多少錢才能活下去？五千元不夠，那麼五萬元夠不夠？過去學生時代，我們也常常以五千元不到過一個月。現在認真消費起來，多少錢都不夠。

如果你愛買名牌，那麼只要一個月買一次，就是你薪水的全部，你沒剩下一毛錢可以養活自己。

如果你餐餐都要吃大餐，那麼一個月吃幾次下來，生活就成問題。

你看電視上許多名人過著金碧輝煌的日子，可是你看不見他們背後的努力，或者他們父執輩的努力。那不是三年兩年的努力成果，可能是數十年的累積，而你竟然要以平凡的努力和平凡的收入去享受那樣的生活。

過著你所消費不起的生活，就是奢侈，而且是一種會把你導向自取滅亡的奢侈。所謂的節儉，是賺多少錢作多少事，背後還要留一點作為後路；所謂的節儉，是當用則用，當省則省，在食衣住行之外的消費，都要再三考量自己的需求，和花費的價值。你的人生有夢，是要靠一點一滴的努力累積起來，不可能一步登天，像中頭彩一樣一夜致富。

而且，如果你沒有一點點節儉的力量，就算有再多的金錢也富不了多久，因為很快就會敗在一雙不知節制的手上。

許多大老闆過著非常節儉的生活，並沒有因為自己富可敵國就奢華度日。你問他們所賺的幾十億都到哪裡去了？

是到下一個投資案去了，因為他們的努力不會終止。

物慾的可怕

物慾是一種非常可怕的疾病，會讓你只為了某些物質的存在而活，讓你聽不見幸福的聲音，看不見真正快樂的價值。

科技是為了人性而存在，物質也是為了人類的便利而存在，可是過度物慾的結果，會反過來使你只為了物質而存在。你會因為缺少什麼而感到不快樂，會因為失去什麼就不快樂，會因為別人有而自己沒有不快樂。

這種不快樂每天都在發生，當你走在街上看見琳瑯滿目的商品，當你坐在家裡看新聞，看購物頻道，就會激起心裡的不快樂。這種不快樂像一個無底洞，會漸漸使你失去了自我，失去了對生活的感動。

當你只能從物質上得到快樂，那麼生活上其他的東西對你而言就不再那麼重要。你也會把錢看得特別重。這個慾望像是吸血鬼一樣，慢慢地侵蝕你的夢想和真誠。

錢這個東西可以讓人生，也可以讓人死，「人為財死，鳥為食亡」就是這個道理。

錢在你物慾平凡的時候只是一個生活所需，但是在你物慾高漲之際就變成不可或缺。

社會上許多問題都是從物慾而來。為了滿足物慾，只要一支手機，就可以讓一個小女孩捨去貞潔；為了一台電腦，可以讓一個人無所不用其極；為了一個名牌包包，不惜下海賺錢；為了更奢侈的享受，為了遺產，夫妻失和、家庭失和、兄弟反目。

為了物慾，人就會走偏鋒，不惜賠上健康、名譽和快樂。

我們在消費的同時，一定要知道自己是為何而消費，這筆消費有什麼價值可言。如果只是為了滿足一時的慾望，它並不值得。

我們並不會因為一個名牌皮包而變成上流社會的名門淑媛，這是非常嚴肅的現實。我們也不會因為戴了一支價值連城的手錶，就變成呼風喚雨的大老闆。我們還是我們，一個默默無名的小小上班族。

節儉的力量

諸葛亮說，儉以養德。道德，是身為一個人最美好的一面，是區分人和其他動物的價值所在。

因為這個力量，讓人類有別於禽獸，雖然爭奪生存，但是不噬血。

道德是什麼？是禮義廉恥，是忠孝節義，是關於人類幾千年來對於自我的期許和節制，是關於人類整體想要走向的理想。是人和人之間互相著想、互相約制。

沒有這一點道德存在，人類就只為自己的利益和爽快而活，用動物原始的態度而活，利之所趨，心之所向，爭奪鬥爭當中，不會把我們帶向更好的地方，只會把我們導向弱肉強食、共取滅亡的後果。

生命，不能短期炒作。幸福，不能短期炒作。要長期經營，為別人著想，得到共鳴，獲得共存的空間。

我們聽到飯店大亨說，要成為成功的飯店經營者，要有為客戶著想的同理心，期許自己讓客戶滿意。

我們聽到科技業者說，要成功地推出一款新式手機，要先了解客戶的喜愛，滿足他們的需求。

我們聽到服務業者說，客戶至上。

如果我們永遠在炒短線，不把別人的利益安危放在眼裡，便無法得到認同，也無法成功。人和人之間的互敬互諒才足以把人導向更高的層次。

人類可能為了生存不擇手段，但若是不危害生存，沒必要不顧一切。只要你穩穩地掌握住自己的生活，不讓過度的物質享受侵蝕你的生活，就可以安穩地面對眼前的事情，作出正確且眼光精準的判斷，而不是為了滿足物慾不斷地炒作近利，直到滅亡。

節儉，不是死要錢，是可以理性評估消費，是可以完整掌握金錢滿足所需，是可以使你跳脫出那些物慾的困擾。如果你是一個節儉的人，那麼走在街上、收看購物頻道，都不會使你感到生活不完整。因為你知道自己的生活需要多少，你的腦袋不會被那些炫麗的燈光打昏。你只需要一個落腳的地方，粗茶淡飯，偶爾享受，這樣就足夠。

一顆理性安靜的心，可以讓你雙眼清明，看見那些別人不容易看見的幸福。

節儉，可以讓你無論遭逢生命的順境逆境，有錢沒有錢，都能坦然自得地生活下去，不會輕易被環境打擾。你可以很清楚地掌握自己的心，執行你的規劃、你的行程，堅持到底。

節儉，可以使你面對金錢誘惑的時候都能先往後退一步想，能不能、該不該伸出你的手。這樣可以使你少作出錯誤的選擇、衝動的打算。

節儉，可以使你一步一腳印，達到你想要的理想，不慌不忙，不勉強也不委屈。

當你的生活可以輕易得到滿足和穩定，你才有清楚的腦袋，奮鬥你的人生。

第三堂課

計畫的力量——

不為明天做準備的人永遠不會有未來

第三堂課

計畫的力量——不為明天做準備的人永遠不會有未來

一個在商界頗有名氣的經理人，把「做事沒有計畫」列為許多公司失敗的一個重要原因。沒有計畫的人會永遠被生活、工作牽著走。做事沒有計畫，無論從事什麼行業，在哪個領域都不可能取得成就。只有做好計畫，按時執行，才可以提高工作效率，體驗到工作的節奏感，不至於感到工作像苦役一樣難受。

史蒂芬．柯維是一位人類潛能導師，在個人管理等領域久負盛名。柯維為很多企業和高階主管提供了切實可行的指導原則，他主張確立每天的目標，養成把每天待完成工作排列出來的習慣。比如：把一天內要做的最重要六件事，按重要性編成號碼，早晨開始工作時優先處理第一項，直至完畢，再做第二項。如此下去，如果沒有全部完成，也不要過於自責，因為照此方法無法完成，那麼用其他辦法也是做不完的。這種「六件事排序法」幫助很多人提高了工作效率，加強了時間管理。

美國總統羅斯福就是一個注重計畫的人，他經常把自己待完成的事情都記下來，然後排出計畫表和日程表，規定自己在某段時間內做某事。從羅斯福總統的辦公日程表可以看出，從上午九點鐘與夫人在白宮草坪散步起，到晚上召開晚宴招待客人為止，整整一天他總是有事做。到了就寢的時候，因為該做的事都做了，所以他能心無罣礙的安然入夢。

細心計畫自己的工作，這是羅斯福總統能夠高效工作的秘訣。每當一項工作來臨，他便先計畫需要多少時間，然後安插在他的日程表裡。因為能夠把重要的事及時安插在待辦事項清單，所以他才能在預定的時間之內完成許多要事。

賴福林是美國某公司董事長，他的工作方法受到美國管理界的高度重視和讚揚。他曾經說過：「你應當計畫你的工作，在這方面所花的時間是值得的。如果沒有計畫，你不會是工作有效率的人。工作效率的核心在於——你的工作計畫是否得當，而不是你幹得如何努力。」

很多人總是在工作中感到煩躁和疲累，其實真正原因並不是工作太多，而是因為沒有計畫，沒有系統。那些工作起來毫無計畫的人，心裡總是不停地催促自己：「我必須工作，必須工作，必須工作。」可是沒有明晰計畫，你很可能在工作過程中被一些不在計畫之內的事纏身，而重要的事卻做不完。

反之，如果你每天都有計畫，那麼每時每刻你都清楚知道要做什麼事。工作有目標和計畫，做起事來才能有條理，不會被瑣事擾亂注意力，時間就會變得充足，工作效率也高。

當然，制定計畫的時候，必須考慮計畫的彈性。不能將計畫排得太滿，在能力所能達到的一〇〇%臨界線上，而應該設定在能力所及的八〇%。誰都不能擔保不會遇到一些意想不到的情況，比如上司交辦的臨時任務等等。如果你每天的計畫都設定一〇〇%，那麼遇到臨時任務時，就必然會排擠業已計畫好的工作時間，原計畫就不得不推遲了。久而久之，你的計畫便失去嚴謹性和科學性。

如果工作只需一小時做完，便盡力在一小時之內完成它，用其餘的時間去玩樂放鬆。本來只要一小時的事，拖延到整整一天才做完，實在是愚蠢之舉。萬一你的事太多，而時間不夠，則在做計畫的時候，選擇最重要的做好，把不重要的刪去。

所有步驟中最艱難的一個，就是要求你立刻停止夢想而切實地行動。我們知道，良好的動機只是一個目標得以確立和開始實現的條件之一，而不是全部。如果動機不轉換成行動，動機始終是動機，目標也只能永遠停留在夢想階段。要想實現人生的終極目標，有一個大「陷阱」需要謹慎避免，那就是懶惰。懶惰是成功的天敵，要想擁有無悔的人生，除了認定目標外，還要集中精力，全力以赴地實踐。

有些人在工作時會厭煩不快，如果能盡力克制這種不快的情緒，克服困難堅持工作，心態就會愈來愈成熟堅定，實現目標的日子也就愈來愈近。

總之，「立刻開始，堅持到底，嚴格執行計畫」才是最好的方法。哪怕只是一天或者幾小時的時光，也不白白浪費，這才是真正積極主動的工作態度。

人不能掌握命運，卻能規劃時間，計畫工作。命運是每天生活的積累，小事情足以影響大成就。計畫好自己的每一天，而所有這一切積累在一起，就構成了一個人的命運。做好每一天的事情，你就已經開始成功了。

第三堂課

沒有計畫的人生是失敗的

我相信許多人從校園走出來之前，都是沒有計畫的。也許不是沒有計畫，是無從計畫起。東方人的權威式教育，為孩子設定一條太明確的路，以致於許多年輕人一旦需要獨立決定事情的時候，變得無所適從。

從小到大，我們被安排好什麼時候上學，什麼時候做功課，一天可以看多少時間的電視，和朋友出去幾個小時。星期一到星期五，每一天每一分鐘要作什麼，全部被安排得穩穩當當，沒有一點點閃失。雖然年少也曾經不解為什麼，也曾叛逆，但是父母用經濟制裁的方式扼殺了我們的聲音。

記得小時候除了教科書之外，不允許閱讀課外讀物，也不准隨便看電視。因為父母總是擔心小朋友吸收了不應該吸收的東西，腦袋會變得奇怪。

我記得自己高中終於去買一本課外讀物，那是陳幸蕙小姐的著作—群樹之歌。

小時候也很愛說話，常常因為太愛說話而被揍。可是這並不能限制我的愛說話，所以總是被罰去參加演說比賽，因為老師說，要說就讓你說個夠。

後來因為愛閱讀和愛說話這兩個理由，使我開始從事文字工作。在我大學所學的專業之外，這是一份既快樂又不感覺累的工作。我並不需要選擇，是自己內心的渴望一直引導我走到了這裡。

從某方面來說，我可能是非常幸運。

比起過去的父母，在競爭這麼激烈的現代社會環境之下，我覺得如今的小朋友更沒有自由，壓力更大。他們每天要學習、要補習的東西多如牛毛，而且每一項學習都反過來壓縮他的興趣。當自由被壓縮到無法透氣的時候，所有的反彈都是失去理智的，沒有原因沒有道理可循。

但是被督促到大學畢業的學生又如何？他們一路沒有選擇地走到這裡，被迫選擇某些科系或者盲從地選擇了某些科系，畢業後卻發現自己不知道下一條路要往哪裡走。

你只知道當別人都在奮力賺錢、奮力往上爬的時候，你就跟著投入職場，追逐起名利。你在工作上遭遇了挫折，就對自己說要忍耐、要撐下去，以為這樣就能完成一番大事業。你以為自己只是需要時間，但是時間越久你越痛苦，越感覺不到工作和生活的樂趣。你只知道工作，賺更多的錢，等更好的年終獎金，熬到某個位置空出來的時候讓你升官。

但是你很納悶，為什麼升官總是輪不到自己？你明明那麼用心、那麼努力、那麼痛苦地工作著，並且是依照所有社會期望和父母期望工作著。

你有沒有發現，當你在工作當中找不到樂趣，有可能是這份工作其實一點也不適合你；

或者，這份工作其實沒有別人說的前景和遠景。

但是你想不到。因為你很忙，忙著工作，忙著尋找另一半，然後忙著結婚生子，忙著培養下一代。當你開始白髮蒼蒼，看著滿屋子的財富雙全、家庭圓滿，才發現，你自己去了哪裡？

這個社會太忙碌了，忙碌到沒有時間思考，沒有時間享受，沒有時間規劃未來。你以為船到橋頭自然直，能活過一天算一天，能擁有一日算一日，可是你有沒有想過，你其實可以活得更輕鬆一點。理由是，你不一定需要這麼多東西才能讓自己感覺快樂。

你只需要你想要的東西。

可是你太忙碌，當一天忙完八個小時的工作之後，你緊接著要去約會，去和朋友聚餐，去忙著把這個月的薪水灑掉，希望換取和你這份辛勞等價的短暫快樂。

然後你更努力賺錢，努力取得一個合法社會人的地位。當百貨公司開始週年慶，你就跟著去血拼；當周星馳的電影再度引起熱潮，你就忙著去看；當瘦身廣告又大行其道，你就忙著去減肥；當身邊的人一個一個結婚去，你就忙著規劃和另一半的婚禮。你常常想，有一天如果如何又如何，你就會如何又如何。問題是，那一天在你的追逐之外，永遠到不了。你的日子周旋在無止盡的忙碌當中，最後發現什麼都得不到，什麼都只沾到一點點邊。因為你還是不快樂，你的工作依然食之無味、棄之可惜。

我認識一個朋友，大學畢業之後第一件事情就是賺錢。他走入人人稱羨的金融業，放棄了他所想要發展的方向。他每個月的薪水高過一般大學畢業生一萬元以上。

他的週間生活就是不斷加班，然後一到週末，「啪！」的一下子，把一個星期辛苦賺來的加班費全數砸在聲色場所找尋快樂。幾年過去了，他依然做著原來的工作，沒有積蓄，沒有快樂。一成不變的日子使得他快要發狂。

他不求更好的工作成就，因為他的目的只是賺錢，所以對於這份工作一點熱忱也沒有。而且因為薪水很不錯，造成他的消費習慣比同齡的人都高了一些。再加上在金融界服務，信用條件很好。幾年下來，他的白金卡負債破百萬。接下來，不管他喜歡不喜歡，都得繼續為了這個債務而工作。

沒有計畫的人生，讓他最後失去了自由。

他的朋友從一開始月入兩萬五千元開始熬，在工作當中尋求更有價值的發展，不屈不饒，最後也達到所想要的目標。現在不論是在薪資、工作成就和快樂上，都高過他許多。

同樣的工作，他的朋友一點都不心動，也不曾為他的高薪動搖過。他的消費習慣更不曾讓他的朋友羨慕。因為他們有自己的計畫。

雖然，每日的柴米油鹽一再地追逐我們，可是有的時候，你需要的不是奮力往上爬，而是安靜下來。你需要停駐你的腳步，思考你的人生方向。

制定計畫要尊重規律

法國一家報紙舉行一次有趣的機智競賽，其中一道題目是：如果法國最大博物館羅浮宮失火了，情況緊急只允許搶救出一幅畫，你會搶哪一幅？

當時很多人都說要救達文西的傳世之作《蒙娜麗莎》。結果在該報收到的成千上萬回答中，著名作家貝爾納以最佳答案獲得該題的獎金。

貝爾納的回答是：我搶救離出口最近的那幅畫。

在失火的情況下，到處都是濃煙滾滾，根本無法看清哪幅畫掛在哪兒，如果冒險進去尋找你心中認定的那幅，無論是《蒙娜麗莎》還是什麼，最可能的結果是在找到那幅畫之前，你自己和畫作都已經葬身火海。而離出口最近的那幅畫，雖然可能不是最有價值，卻是最容易搶救的。

人生也是如此，最佳目標不是最有價值的那個，而是最有可能實現的那個。

捷克青年齊克和莫里都酷愛登山，十八歲時，他們就一起攀登上歐洲第一高峰——勃朗峰，後來又先後登上了九座海拔超過四千公尺的山峰。

這時，他們把目光瞄準了世界第一高峰——珠穆朗瑪峰。齊克發 E-mail 給他的父親說：

「身為一名登山運動員，沒有征服珠峰，就不算成功。」

父親回信告訴他，以他目前的實力和裝備，征服珠峰的可能性非常微小，與其光憑一腔熱情做希望渺茫的事，不如先踏踏實實地奔向能夠實現的目標。認真思考了父親的話後，齊克對莫里說：「我覺得我們應該先試著征服吉力馬札羅山，不一定非要一步登天。」但是他的建議遭到莫里拒絕，一對夥伴只好分道揚鑣。

此後的八年間，齊克先後征服了海拔五八九五公尺的吉力馬扎羅山和海拔六八九三公尺的鹽泉峰，還在沒有後援的情況下，成功登上了海拔八一七二公尺的道拉吉里峰。他被任命為捷克國家登山隊的副教練，還被國際登山者協會吸收為理事。

二〇〇八年五月二十日，齊克無意中在報紙上看到，莫里在攀登珠峰時，不幸墜崖身亡。

在這八年的時間裡，莫里一直在申請攀登珠峰的簽證和批文，由於尼泊爾對申請要求嚴格，莫里只獲得三次簽證和批文。他第一次攀登到七千六百公尺，第二次攀登到八千三百公尺，在第三次攀登時遇難。

一個月後，齊克也踏上了攀登珠峰的征程。憑藉精湛的登山技能和豐富的經驗，他一步一步向上攀登，直達珠峰峰頂。站在海拔八千五百公尺處，齊克不禁想到了長眠於此的夥伴，心中百感交集。

齊克在他的登山生涯中，有其最終目標，但是他根據自己的能力，把具體目標分成了幾個小目標，一個一個地完成。並在完成小目標的過程中，不斷為自己積累經驗，一步一步為達成最高目標努力。

人生就像登山，要懂得取捨，選擇什麼，放棄什麼，是一門藝術。如果雙眼只盯住最高目標，最終的結果可能是跌入萬劫不復的深淵。而從最有可能實現的目標入手，一路攀登，一路向上，當有一天站在最高峰的時候，你會發現，原來一切不過是水到渠成。

一八九六年，愛因斯坦考入蘇黎世聯邦工業大學，入學後他立即為自己擬訂了一份學習計畫：用四年時間學習數學和物理，希望自己成為自然學科中某一學科的教授，所以選擇理論性學科……訂定計畫的理由是因為自己喜歡抽象思維和數學思維，缺乏想像和對付實際的能力；學習計畫可以激勵自己做出適切的決定，以考察自我的毅力；人總是喜歡做自己有能力做的事，而且科學工作很有獨立性，這很適合我意。

在大學的求學過程中，愛因斯坦不斷修訂自己的「藍圖」，使每一項都更切合達到目標的需要。比如，他經過自我審視和嚴密分析後，果斷地放棄數學而專攻物理。

由此可以看出，愛因斯坦的這份計畫是非常科學的。他考慮了自己的優勢、劣勢、興趣，以及對未來的期待，制定出明確又可行的目標。很多人設立的目標為什麼不能達成？因為計畫不夠科學，不尊重客觀條件。

所以說，浮動不定、模糊不明或者因為過高而根本無法達到的目標，等於沒有目標。

第四堂課

學習的力量——

成功人生的核心競爭力

現在的父母親最擔心小朋友學壞。學壞的管道太多，也很難控制。這個社會變得多元化，許多事物失去了它們本來的面目，因為創意的發揮，使得每件事情都有重新解構、重新組合的可能。

記得小時候，女孩子最愛看的卡通影片是努力勇敢的小甜甜，而男孩子最愛看的是正義之神無敵鐵金剛。

現在的卡通被重新解構組合，沒有過去小朋友那一套純真善良的理論，創作者設想了更寬闊的空間。所以蠟筆小新出現了。

父母都說，連蠟筆小新都不能看了。現在的小朋友連看個卡通影片都不能讓人放心，更別說是暗藏玄機的網路，以及過度血腥煽情的電視節目了。

我小時候是不能看電視的，除了電視新聞、歌仔戲、卡通影片。（現在的電視新聞也不能看了）

小朋友的腦袋非常簡單，進去什麼就相信什麼，所以資訊包藏的危機需要被隔離。

雖然說是失去自由，可是我常常想，太早接觸自由、盲目地接受自由，只會讓幼小的心靈錯亂。

過去農業社會因為貧窮，可利用的資源和資訊管道不多，人們追隨大自然的脈動，日出而作、日落而息，在這樣的規則當中得到很好的休養生息。

沒有多餘的視覺和聽覺物質，只有大自然的呼吸和心跳，人和大自然的互動平穩協調，特別清楚自己的存在價值和方向。

現在，特別是在大都會裡，晚睡晚起的人越來越多。一位政治大學的教授說，他們從前唸書是深夜寒窗苦讀，在寧靜的夜晚把心安靜下來好好唸書、精進學業。

現在每每清晨走在校園當中，看見徘徊在校園的學生，就走上前去半開玩笑對他們說，你們一定是剛從KTV回來的吧？

相信很多人都和我一樣，上大學之前沒有過多的娛樂和自由。每天除了上學，就是回家看書，偶爾和朋友出去玩，有些人甚至被禁止交男女朋友。因為很不自由，也導致後來獨自在外地求學得到大量的自由，反而不知如何追求自己想要的。

一直到後來參加國家考試每每受挫，我才發現單純的日子有多珍貴。我常常說，要是能有過去聯考時一半的努力和環境，就足夠我們在國考中金榜題名了。

當我們第一次在大學校園接觸到自由，第一次從經濟獨立得到了自由，就好像放出籠的鳥兒，什麼都想嘗試，什麼都想見識。我們在窗前開卷的時候，腦袋裡其實是排山倒海而來的念頭。

白天工作的事情、當天新聞的重點報導、和另一半的冷戰、那些美麗的衣服和華麗的城市故事……即便是已經好不容易在繁忙的一天當中找到自己的時間，渴望安安靜靜，仍總是心有旁鶩。自己的心還會像兒時那樣，因為小小的事件遮蔽了眼睛，阻塞了耳朵，徬徨惆悵，其實正代表我們還沒有控制自己的能力。除非我們把那些雜事隔絕在外，否則還是會輕易受到嚴重的影響。對於缺乏自制力的人，自由是一種危險。

我們不能干涉這個世界無窮的發揮空間、遼闊如天際的創意，但是可以不讓自己的心隨之起舞，安靜地尋找知識之美。

不只是讀書，當你在職場上、人際上重新學習待人接物，你仍然需要靜心傾聽自己的聲音。沒有安靜，沒有學習。

學習和靜心是沒有盡頭的

即便你已經踏出社會，脫離了課本和書本，學習並不曾因而停止。

我的第一份工作是在律師事務所，幾天之後，那位老律師對我說：「請你一個月之內都不要再看書了，不要再接觸任何文字，你的心太忙了。」

當時並不了解，一直到這幾年在職場上每每受挫，我就想起老律師所說的話。什麼是心太忙了？這又和工作有什麼關係？

如果你的心太忙，就算擁有良好的閱讀習慣，也無法讓你獲取任何養分。

後來才明白，當時因為太急著把事情做好，沒有任何經驗的我搞到手忙腳亂，有一次甚至把法院調閱的卷宗搞錯了。會發生這種事情，實在是令我自己也匪夷所思。

我以為學生時代會唸書的才能會自動承傳到職場上來，沒有想到並不管用。一切必須從頭來，從新做起，而且還需要有新的態度和新的思考。

面試的主管都要評估求職者過去的工作經驗，特別是在職的時間。如果在職的時間太短，那麼很抱歉，你的不能靜心讓你在職場上少學了很多應該要會的東西。

當你接觸一份新的工作，你需要先靜心。不要急著計較這項工作能給你多少金錢、多高的地位和附加價值，也不要去看這份工作有多忙、多困難。不要急著把所有的事情一股腦兒都煩惱在先，打亂自己的陣腳。許多事情可以未雨綢繆，可是無謂的煩惱無濟於事。你只需要按部就班，接受主管的指令，把每一天份內應該做的事情做好。

如果你所認為的好，並不能得到主管的認同，你也不需要急著生氣，急著到處找朋友訴苦，找同事辯解。這個時候你會很幸運地發現公司的文化和運作方針。基本上，任何一家公司都有其獨特的運作方針，每一個部門都必須配合整個公司的營運計畫。

就拿金融業來說好了。以信用卡發卡量為例，看在行銷人員的眼裡，當然是以衝卡量衝到最高點為努力方向，但是看在風險人員的眼裡，保障公司資產、避免呆帳過高，所以審核嚴格、限制發卡，是他們努力的目標。這個時候，兩者各有立場，各有對錯，決定權就在公司主事者的手上，要抑制風險，或者是要增加營收，不是兩個部門自己可以決定的。

如果你無法看清楚這個事實，你就會憤怒，卯起來理論爭執。你要問出個所以然，問出個孰對孰錯，而事實上，這個問題並沒有答案，只有順勢而為。

在你對於這份工作沒有充分的經驗和了解之前，你都需要安靜下來，安靜你自己的口、安靜你自己的心，只有安靜的人才有耳朵傾聽，才有心思學習。

安靜的人懂得順勢而為，不會急著表達自己。順勢而為才能不打草驚蛇，看清局面作出正確反應，否則你的反應可能都是徒勞無功，也可能是破壞，並非建設。

學習你所處在的境地，學習你所要應對的情勢，你才能釐清自己的下一個步驟。太輕易出手或者作出決定，往往壞事。

沒有充分了解之前便驟下判斷，往往出錯，只會把你推向更深的絕境。

只有在虛心學習別人之後，才能夠增加自己的觀點，擴展自己的視野，無止盡地學習。

沒有這樣的心態，你的進步是有限的，你的經驗也是枉然的。經驗並不能造就你，而你也將跌在重複的錯誤上面。

能夠成功的人，都是能耐得住一口氣、撐得住一時挫敗的人。

雖然看似平步青雲的大有人在，可是他們在人後承受了大量的苦處，只是你不知道而已。

不管處於順境逆境，你都要平心靜氣。

有人說，都是事情改變人，人改變不了事情。我非常同意這個說法。為什麼往往都是事情在改變人？因為人有人性，因為人撐不過那一口氣。順境來臨的時候，人容易顧盼自得，無限擴張自己的野心，打亂一池安靜的春水，失去了之前正確、謹慎的處事原則，而正是這個原則和態度令你成功的。你動搖了原本謹守的一切，在不知不覺當中挖了一個洞給自己跳。

這是順境可以改變一個人。

當逆境來臨，其打擊可以使一個人喪失了原本樂觀向上的心志。一次不能、兩次不能、十次不能，直到一百次不能，就足以把一個英雄打垮。當外界的衝擊不斷，再堅強的心也會被衝破。

這是逆境可以改變一個人。

所以你需要平心靜氣，不管遇到什麼樣的事情，只要堅信正確的理想和原則，不輕易動搖，不因為所聽所見而慌亂。

當年大軍兵臨城下，諸葛亮不慌不忙，平心靜氣地以空城計擊退來軍；周瑜刁難，要一個月之內鑄造十萬支箭，諸葛亮平心靜氣，三日內向曹操以草船借箭。當棘手的事態向他席捲而來，一顆冷靜的心看清楚事情的本相，讓他釜底抽薪地解決了難題，所以事情改變不了他。

有的時候，你其實不必急著處理大大小小的事情。事有輕重緩急，有時候你能作的只是Try to ignore（試著忽略），減少你自己被干擾的程度。

只是看著，學著。

才須學也

人類的創意是無限的，就在這個時代，我們看見了創意所帶來的商機，高過於傳統一板一眼的產業。

在智慧財產法的保護之下，我們腦袋裡的東西可以是動輒上千萬元的價值。

我們腦袋裡的東西是怎麼來的呢？

那是學習來的。

有的人會炫燿自己努力很少、收穫很大的神奇故事。他們總是說自己在某件事情上只花了很少的努力，就得到很好的成果，想要藉此證明自己是具有非凡天份的人。

不管事情是真的還是假的，至少可以看得出來，某些人把天份看得比努力還重要，把天份看得比努力還有價值。

什麼是天份？如果說愛迪生真如他的老師所看的，不但沒有一點點天份，而且連「正常資質」都沒有，那麼他日後憑什麼發明出一千多件東西？如果說每個人的成功都靠天份，那為什麼一個沒有天份，沒唸過多少書的人，最後可以領導統馭一整個企業體年營收入十億元？

已逝的名歌手鄧麗君小姐，曾經在她的歌唱事業如日中天的時候，遠赴美國「學唱歌」，而且練唱到喉嚨都出血。當你請教學術地位崇高的老教授們，平日都在作什麼？他們還在看書學習。一位名主持人在忙碌工作之餘手不釋卷，因為書是她的財富，她的口才之外必備的財富。如果沒有這樣的充實，她很難正面迎擊事業瓶頸。

許多人被稱為才子才女，許多人被稱為神童，有些人有著與生俱來的才華，人人稱羨。我相信一定有很多人的資質特別好，但是真正的才華仍然憑藉後天的學習。

一個數理能力再好的小孩，沒有經過完整的學習，也只算待琢磨的璞玉，可能在日常生活上的表現特佳，但因為沒有學術基礎，無法更精進；一個音樂天份很高的小孩，沒有經過完整的學習，那麼他的才華只算被開發了一半，他可能很容易感受到音符和節奏，但是沒有辦法更上層樓。

各項領域的學問都有非常基礎的知識，而所謂的天才學習過程可能特別快速，容易舉一反三，而達到少數人所能企及的深度和廣度。

他們並不是坐著乾等，就突然在冥想中發現一切，如果沒有基礎知識和邏輯方法為他們開啟一扇門，他們也上不了學問的巨塔。

一位科技產業的經理說，早期他們喜愛的員工，多半是來自資訊科系、電子相關科系等等比較技術性的科系。可是這幾年來，科技的變化日新月異，每日都在推陳出新。這個時候，所謂能夠直接進入工作狀況的技術性科系人才，反而失去了靈活性。

他認為傳統那些理論性的科系，像是物理科系、化學科系出身的人才，才是真正能夠在這些變動當中，以充分的理論基礎應運變化的人才。

名作家、名主持人之所以能在電視上侃侃而談，得力於平日忙碌的生活當中，他們仍堅持吸收資訊以及看書這兩件事情。雖然他們已經受到很高的社會評價，可是學無止境，他們的努力學習使得他們的作品更為出色，言語更為豐富。

才學淵博的老教授，平日的重要大事也是手不釋卷。

多數的神童都在「小時了了，大未必佳」的洪流當中消失無蹤，他們的天份仍在，可是沒有出口，就好像一個神射手只擁有一把神弓，卻沒有任何一支箭可以發射，而那箭需要經年累月的鑄造垂打。沒有武器，再好的神射手也發揮不了他的優點。

不間斷的學習

一位朋友對我說，雖然他每天加班到晚上九點，可是一回家休息，他的娛樂不是電視影像，而是文字，只有文字才能進入他的腦海裡面，使得他平靜下來。

當許多人批評出版業的出版越來越偏向大眾口味，忽略了文字本身的趣味時，我不禁想，這難道不好嗎？不管是管理、娛樂、行銷、理財、社會、政治……在多方的觀點奏鳴之下，不是使得讀者的閱讀更豐富、觀點更多元嗎？

我們不一定要苦K那些經典來滿足自己的虛榮感，如果你並不需要也不感興趣，那麼你只要從自己的需求和樂趣下手，從樂趣達到學無止境的需求。

有一次我在書店看到一本數學基礎應用的書籍。那不是教科書，而是寫給所有對數學有興趣的人看的。翻開內容，裡面都是過去我們曾經學過，但是不甚明白的數學原理，由作者重新詮釋。這樣的書非常可愛，因為它讓枯燥的數學變有趣。因為這一份有趣，搭起了我們和數學之間的橋樑。

這種邏輯演繹的訓練，讓我們一輩子受用無盡。

為因應工作的需求，我才學了 Excel 這套軟體，並且學會將 Excel 套用到 Word 的技術。我發現大學時代學的資訊基礎課程真是非常枯燥乏味，而且毫無所得。像這個了不起的試算表，各專科學院的學生就學得非常好，也非常實用。

因為辦公室妹妹的熱情指導，讓我學會了這套軟體，並且將它應用在我的帳單處理、名片歸檔以及日常生活記帳，不僅好用，而且一目了然。這是學校裡面沒有學過，卻在職場上學到的技能。

我的第一份工作是銀行信用卡部的催收，這份工作壓力很大，一天到晚開會、發表意見、交換心得，搞得人仰馬翻，也常常和人陷入爭執而心情不佳。儘管看似沒有專業可言，但是從這份工作所學到的談判溝通技巧，卻是我一輩子受用不盡的。

缺乏 EQ 也不懂得如何爭取自己權益的我，經由職場上的訓練和學習，學到了談判溝通技巧的「才」。而且這種學習沒有結束的一天，只能經由練習、挫敗、反省、重新再來，不斷地進步。

任何一門課，出了校園才算正式開始，並且只能一步一步地向上發展，不會停止。

我的朋友在校園裡學到不差的法律和英日文，可是真正學會看英日文合約，卻是在職場上的真槍實彈磨練下才完成。隨著經驗增加，也能處理各種不同的狀況。

我們不一定要成為科學家、音樂家、文學家，可是必須從日常生活的需求去突破困境，

而這些困境需要從傾聽、閱讀、詢問、練習當中去突破。

所以學無止境，你的任何一分才能，都是經由不間斷的學習而來。

第五堂課

志向的力量——

志不立，天下無可成之事

第五堂課

志向的力量——志不立，天下無可成之事

每個人都想爭一口氣，做給別人看，也做給自己看，至少可以證明自己這一生沒有白活。這當然是一個美好的願望，但是這個願望的實現需要一個前提，那就是我們要先立志向。所謂「有志者事竟成」，唯有讓理想與抱負「住」進自己的心裡，我們才能堅定地朝著自己的目標邁進。

志向，用大師王陽明的話概述：「志，氣之帥也，人之命也，本之根也，水之源也。源不浚則流息，根不植則木枯，命不續則人死，志不立則氣昏」。

你也許出生在一個生活窘迫的家庭，也許沒有聰明敏捷的頭腦，也許沒有天賦異稟的才華，但是你擁有一腔熱血。正是這一腔熱血，激勵著我們在逆境中前行，無論遇到任何艱難險阻都有信念在支撐，讓我們披荊斬棘走向成功，這就是我們的志氣。對於每一個想要爭氣的人，它是必不可少的，擁有它的人才能堅定地奔向成功。偉人之所以偉大，是因為他擁有比別人更強的志氣，當他與別人同處逆境時，即使別人失去了信心，他仍然能夠下定決心實現自己的目標。

當秦穆公用一個奴僕的價值──五張羊皮，換回了百里奚時，百里奚已經七十歲。他白髮蒼蒼，一襲寒衣，秦穆公初見，大失所望，於是問他：「你多大年紀啦？」答：「才七十歲。」秦穆公歎道：「本來我想重用你，可惜你現在年齡太老了！」百里奚說：「如果你讓我追趕飛鳥、搏擊猛獸，我是老了；但你如果讓我管理國家大事，我還很年輕！」秦穆公見他老當益壯，不由得心生敬重，向他請教治國良策。百里奚提出了富國強兵的發展謀略，得到秦穆公的特別賞識。秦穆公後來感慨說：「我得到了百里奚，就像齊桓公得到了管仲！」百里奚志立於年少，而至七十，歷經坎坷，志向不已。在百里奚等人的輔佐下，秦國很快發展強大，成就了秦穆公的春秋霸業。

有了志向，就等於成功了一半

有些人活著是有方向感的，你會發現他的言行一致，猜得出他的下一步會作什麼、不會去作什麼，就算是再大的誘惑也動搖不了他。他的步調不急不徐，按部就班；他的心思不慌不忙，井然有序；他的生活有小小的享樂，小小的辛勞，就好像龜兔賽跑當中的烏龜，即使行進再緩慢，終究到得了目標。

但是有些人活著是沒有方向感的，就像伊索寓言當中那一對進城賣驢子的父子。原本兩個人牽著驢子進城，結果有人就說，真是愚笨呀，有驢子幹嘛不騎，兩個人還要走路呢。

這一對父子聽見了，覺得很丟臉。於是老父就騎上驢子，兒子繼續牽著驢子前進。不久之後，有人看見了就碎碎念著，多麼不人道呀，要自己的兒子走路，父親卻自己坐在驢子上。

於是父親暗自羞愧，把兒子也叫上來，一起騎乘驢子前進。可是經過另一個小鎮的時候，又聽見有人批評，多麼可憐的驢子呀！居然要承受兩個人的重量。

這一對父子聽見了，內心也覺得不捨，商量之後決定一起把驢子扛在肩上。這個時候行經一座橋樑，驢子掙扎著，就這麼掉入河中了。

立志，代表著一種決心，是非要不可的決定。

古代的人為了進京趕考，寒窗苦讀。范仲淹將寒凍的粥劃成三塊，分成三餐充飢。日本的三本五十六大將軍，在寒夜裡以冷水清醒自己的腦袋，繼續苦讀。顏回可以「一簞食、一瓢飲」，人不堪其憂，但是顏回「不改其樂」地過日子。為了看書，古人可以鑿壁取光夜讀，不需要飛利浦燈泡，也能金榜題名。

從現代的角度來看，這樣的生活未免太苦了。現在的孩子有「多功能書桌」加上「護眼檯燈」，天冷了有暖爐，天熱了有冷氣，一個屋子汗牛充棟，父母為求小孩子「看書一眼」，用盡心機、費盡力氣，把最好的讀書設備都呈上來，可是孩子還是覺得唸書太苦。

與其說讀書太苦，不如說並沒有立志好要讀書。

什麼樣的生活很苦？我覺得自己大學時代沉迷KTV的那一段生活很苦。那時候一個星期有兩天要熬夜泡在菸酒氣味飽滿的包廂裡面，聲嘶力竭透夜唱到凌晨，隔天再拖著疲憊的身體到學校打瞌睡，接著連早午餐也沒有吃，就倒頭大睡，一睡又到半夜。三更半夜睡不著，關在宿舍裡，做什麼都不對。

同樣的事隔天再來一次，也是聲嘶力竭六個小時，清醒的時候總是在黑夜。結果黑眼圈熬出來了，人也憔悴許多，總是精神不濟，白天黑夜混亂著過。重點是，那些歌友們沒有因此而和我的感情比較好，更別說是日後有事相求的時候，那一臉「你是誰呀？」的惶恐。

我也沒有因此跑去當歌星，像孫燕姿那些人一樣賺錢賺到手軟。

基本上那個時候是精神太好、吃得太飽的青春，渴望消耗盡身體裡面最後一絲力氣的虛無行為，看輕生命和一切，除了自由地消耗之外，並無他求。代價就是學業打折扣，健康也打折扣。

儘管如此，還是有太多人在作這樣的事情，並且樂不可支，那明明就是一件苦不堪言的事情。

比起這麼「辛苦的娛樂」，大多數人還是死不肯乖乖地在書桌前面喝著熱茶、安靜看書兩個小時。

當學習變成一件可有可無的事情，而到KTV報到變成一件不可缺少的事情，兩者之間的苦樂難分。要如何選擇，令許多年輕人徬徨。因為與同儕玩樂是年輕的生命當中最不可缺少的事情。

我至今還很後悔那一段時光，如果拿來作其他的事情，都會比白白浪費精力來得好。但是如果時間真的重來，我真能夠做出正確的選擇嗎？

有一次我看到電視上有一位原住民，他在推動節酒運動，為此作出很多配套措施。他說，他曾走進一位二十六歲的肝癌年輕人病房中，問他說，如果上帝願意再給你一次機會，你還會喝酒嗎？

你猜這個年輕人怎麼說？你我都會以為他一定很懊悔，面對最後一口呼吸，他應該會說要珍惜生命吧。可是不是這樣的，他說，如果環境不改變，那麼不喝比喝的遺憾還要多，所以他無法選擇。這不是時光重來，他就能夠做出選擇的事情。

許多年輕人跟這位先生說，當外勞開放，低價的競爭力向他們席捲而來，他們失去了工作。沒有了工作，他們不知道要作什麼。所以這位先生開始籌畫社區工程，為部落的年輕人找工作。

他要試圖改變環境。

改變環境，這是一個國家、一個政府存在的理由。如果一個政府不能為人民創造更好的生活環境，那就是一個不盡責的政府。只有動用這麼龐大的公權力和人力、財力，才有辦法改造大環境。可是，我們要期待大環境的轉變，要等待多久？十年？二十年？三十年？如果需要等待這麼長久的時間，那麼在環境改變之前，我們要作什麼？我們又能作什麼？如果環境沒有變得越來越好，反而越來越差，難道我們所能做的，就只有坐以待斃？

環境有多重要？就是這麼重要。人性和環境一旦緊密結合，那麼人就會一個一個地綁在一起，像受刑犯，被帶往沉淪的方向。那種無力回天、身不由己的感覺，令人絕望。

但是，為什麼在相同的環境裡，有的人可以做出不一樣的選擇？當環境不允許你做什麼的時候，或者是不鼓勵你去做什麼的時候，難道你就束手投降？

當然不是這樣，也沒有理由這樣。雖然環境的影響非常大，可是上天給了人一顆腦袋、一個自由思考的意志，你當然有能力抗拒環境的影響。

重點在於你的決定。你決定隨波逐流，還是決定守護自己的理想堅持到底。太平盛世會有昏庸無能的君王，戰亂時代也有胸懷大略的領導者，英雄可以創造時勢，時勢也可以創造英雄，環境對於英雄而言不是理由。

這就是立志。志向一旦確立，就等於成功了一半。

因為這個時候，你已經將那些環境影響拋諸腦後，你的所思所言所行，都將按照這個方向前進，不再隨波逐流。

我們這一生當中會遇到非常多美好的事情，但是我們的雙手握不住那麼多東西，所以必須要有取捨，否則抓著一大把糖果，我們的手很難從瓶身掙脫出來，也就吃不到這些糖果。

取捨的過程就是立志的過程。你只有選定好了，放手、收手，才能夠真正吃到糖果。

這就是立志的重要。

非志無以成學

如果說世界上真的有什麼苦，我覺得求學的過程應該算得上是其中一件。求學的過程很苦。

從一無所知開始背ㄅㄆㄇㄈ、背九九乘法表、學習研究學問的工具，一直到越來越繁雜的學問領域，這一段路程很苦。因為這些不是一朝一夕就可以背得起來，當然也不是一朝一夕就能理解得了。學習過程當中，挫敗是家常便飯。

有些人忍耐了下來，有些人沒有。後者或許有讀書之外的興趣，或許只是想逃避求學的苦。

但是，做越辛苦的事情，越是需要立志。志向一旦確立，你就做好了選擇；做好了選擇之後，不管你選擇的是放棄，或者是繼續，都將影響你未來的路。

回想起求學的過程，常常會懷疑自己是怎麼熬過來的，想起那些挑燈夜戰、眼巴巴地看著別人在玩耍的日子，確實是苦不堪言。除了努力，還要冷靜；除了冷靜，還要忍耐。

然而，不只是研究書本上的學問，社會事的學問也同樣重要。

學習和做事情一樣，最怕的就是半途而廢，行百里半九十。學習就好像進行一件細膩的紡織工作，一旦半途抽線抽針，就會前功盡棄，沒有辦法成全一件美好的作品。

職場上的專業，一半是從學問上的專業而來，一半是從職場上的經驗而來，缺一不可。有人以為獲取了學問上的專業以後，就可以稱霸一輩子，但那是不可能的。

特別是在這個競爭非常激烈的時代。

以金融行業來說。過去保險從業人員只要靠著一張三寸不爛之舌，說服客戶理解保險的觀念和好處，就可以獲得很高的業績。但是現在保險產品多元化，從傳統的人壽保險發展到專業的理財保險。保險從業人員需要學習多方位的金融產品，才能夠做出成果。

過去的銀行從業人員，只需要考試一次、面試一次進入銀行業發展，就可以抱著這個金飯碗到退休，高枕無憂。而現在，要在這個行業長遠發展，需要考十幾張證照，把各個部門的專業都摸熟了，才能將業務串聯起來，沒有鴻溝。

以律師業來說。過去的律師只要考上一張執照，就可以從傳統訴訟得到很高的回饋。可是現在傳統訴訟漸漸式微，訴訟隨著社會的複雜化也更多元。一名律師要能夠生存下去，沒有結合其他專業是很不容易的，例如專攻智慧財產的律師、專利商標工程的律師，以及醫療、電子各方面的專業律師等等，就是為滿足社會的需求。

學無止境，所以人力銀行以及專家都說，要能在這個社會上生存，必須讓自己不論何時失業都能有下一條路走，提高自己的附加價值。所以你的進步不能中斷，你的學習也不能中斷。

過去以為手上有一項專業，就可以吃他一輩子，再加上離開校園之後，進入社會這個大染缸，生活繁亂，也就失去了學習的熱忱。這個時候更容易因為被太多瑣事所影響，擾亂自己學習的心。

所以非志無以成學，我們必須立定學習志向，然後才能有所獲。

比起單純的學生時代，這是一個更艱難的工作，你的志向要立得更明確、更堅持。

有了一個目標，把你的目光鎖定在這個目標上，你就能夠在這個目標之下隨心所欲地過生活，隨心所欲地達到目標。你可以不用太忙亂，也不用太緊張，只需要看著你的目標，每天追尋這個方向，就可以學有所成。

如果沒有立定目標，立定志向，總是三天曬網，兩天捕魚的話，就很可能在某一天突然鬆懈了。才幾天就不想去碰，等到日子一久，你就開始遺忘。你一開始的努力等於是笑話，是白費力氣，還不如把那份精力和時間拿來完成另一件事。

事情只做到一半，不管是兩成還是九成，都是沒有完成。

唯有立定志向，懷抱理想，才能帶領自己衝鋒陷陣，打破所有阻礙你學習的誘惑和牢籠，使你不受環境控制。

非學無以廣才

時時保持一顆學習的心，才能使你獲益良多。不管你的學識再淵博，為人處世如何成功，你始終都需要保持一顆學習的心。

越是有才學的人，越是清楚一件事情，那就是自己的渺小和不足；短暫的生命旅程中，自己能向這個世界學得的不到千萬分之一。正因為他們有這樣的體悟，所以時時刻刻都抱著唯恐不知的戒慎態度，去向周遭的人事物學習。

孔子說：「三人行，必有我師」。

這些人的才學，在我們的眼中非常豐富，只有他們很清楚自己還不夠。

有些人像花蝴蝶一樣，喜歡東沾沾、西拈拈。這樣的人看到什麼新鮮事情，都想要接觸一下，探究一下。可是一旦新鮮感消失，他們只剩下麻木和興趣缺缺，沒有辦法繼續下去。然而這個時候，他們才正要開始進入學問的門檻。

他們以為自己這樣子就算是「見識」過了，夠了，也懂了。事實上，他們一點都不懂。

這個時代的人們喜歡短線炒作。他們學習的態度是輕浮、誇耀。他們的目的是在向人炫燿自己的「才華」，要那些一無所知的人向他們稱臣。每個人都懂一點音樂、懂一點文學、懂一點文化、懂一點旅遊，他們自以為，許多人看起來也以為，他們了解了這個世界。可事實上，他們確實也只是「見識」了這個世界，可是真正的學問不是他們了解的範圍。

諸葛亮說：「非學無以廣才」。只有虛心學習，時時學習，才能夠擴大自己的才能。只有下工夫去學習，才可能得到那樣的才能。

古人說一項專業要能出師，少說也要十年。寒窗苦讀也要十年，而這十年也許只是一個起步，一個開始而已。

對於一件事情感到興趣的時候，我們必須痛下功夫去學習。而那樣的學習，不是跑跑龍套，玩三天休兩頭。當你以為你懂了音樂，其實你只是懂了當一個聆聽者的角色；當你以為你懂了繪畫，其實只是懂了當好一個欣賞者的角色；當你以為你懂了文學，其實你只是懂了當一個讀者的角色。要當好這樣的角色並不難，你只需要花點心思去看、去聽、去感受。可是真正的學問仍然在這些創作者的手中，因為只有他們是用一天二十四個小時在接觸，在學習，在精益求精。沒有那樣的學習，你無法獲得相當的才學。

你可以只抱著自己原本所知所學的，但是你也可以學習更多。知識，才是使你進而享受該領域的管道。只有看懂讀懂聽懂，思考得通，我們才能和更高深的、更恆久的美好事物接觸。學問令我們打開腦海中的一扇門，迎接來訪的美麗新世界。

我們要廣才，為的是享受。為了享受每一件事物更深刻的那一面。不是向人誇耀，不是向人喧嘩。

而只有經過穩紮穩打的虛心學習，我們才有能力到達這樣的境界。

第六堂課

執行的力量——

改變命運的關鍵方法

第六堂課

執行的力量——改變命運的關鍵方法

我們小時候都被教訓要「今日事，今日畢」，可是基於人的惰性，還是不免會把今天的事情拖到明天，到了明天又想把它拖到後天。明日復明日，明日何其多，如果你總是把事情推到明天，那麼這件事情究竟要在哪一個明天完成？

人的每一個時期都有應該要完成的事情，每一件事情也都有它的黃金時機。如果錯過了時機，日後即使可以力挽狂瀾，也需要耗費更大的力氣。

古人說，一件事情要能順利完成，必須有天時、地利、人和。天時，代表的是環境的力量。古代的君王揭竿起義，一舉得天下，而這同時，也曾經有無數英雄接踵崛起，卻都功敗垂成，只因為環境的力量還沒有到。三國群雄能夠崛起，來自於「青蛇蟠龍椅」、「雷雨冰雹毀壞房屋無數」、「海水氾濫」、「雌雞化雄」進而「朝政日非」，以致天下人心思亂，成為盜賊蜂起的亂世。在這樣的亂世裡，群雄師出有名，得以因循著這樣的時勢三分天下。

地利，是大自然的力量。大自然的力量常常是人所不能控制的，而三國時代的諸葛孔明之所以被奉為神人，在於他看似能控制大自然的力量。可事實上，他其實是一個理解大自然的人。他冷靜觀看天時，洞察地理循環，所以能夠藉由江面大霧，向曹操以草船借箭。

人和，是人的力量。當一個王朝為政不義、人心思變的時候，就是要被推翻的時候。三國當中，以曹操的人和最是絕對。他的人和，是來自於恩威並濟。他可以因為疑心一個人而錯殺一百，寧可誤人也不能讓人誤他，同時，又因為回報一個人的恩澤而放他一馬。曹操的人和要算是最高明的，因為他有識人之明，才有恩威分別的決定，抓住自己最佳的利益之處。

天時、地利、人和齊備的時機非常不容易。天時和地利，往往需要經由學問的累積、觀察力和判斷力的精進，才能有稍微洞察時局的能力。而人和，靠的則是自己人際關係的經營。

人和，不一定是完全與人為和。因為有些人像禿鷹、像豺狼，與其為友無非就是與虎謀皮。你需要看清楚這樣的人，和他保持非敵亦非友的距離，然後把有利於你的人擺在人際關係的最高點。人和，靠的是EQ的力量，讓你的喜怒不形於色，不容易被看出心思。

時機來臨之後，你所需要的就是奮力一擊。它可能是某一年、某些日子，甚至就是那一天，錯過之後很難再有。許多人喜歡看命盤，喜歡從命理的角度決定自己要怎麼做。姑且不論命理這件事情可信與否，如果你不懂得自行觀察局面，建立起自己的人脈，如果你不懂得隨時應變，只懂看命，不懂看環境，那麼這一切都是徒然無功。你很難經由概略的卦象作出精確的一擊。

生命的時機

我們常常說，唸書有唸書的時機。那是因為在人生的某一段時期，用來精進學問是最好的。那個時期就是青少年時期，是在你沒有什麼生活壓力、感情壓力以及煩惱的時候，在你的腦袋裡還沒有被灌注太多奇怪事物的時候。那樣單純不複雜的腦袋和生活、充沛的腦力和活力，是你吸收知識最好的時機。

當你開始進入這個社會，人際關係趨向複雜，生活出現壓力，就算是你有興趣、想學習的東西，都會因為時間、因為煩惱、因為思考壅塞，而難以有所成。

錯過好時機之後，你當然還是有機會，還是能夠勤奮求學，只是你需要耗費更大的力氣，忍受你的投資報酬率降低，抗拒更大的阻撓和繁亂。

工作也有工作的時機。學校裡面有很多人為了逃避兵役、逃避工作，而選擇延遲畢業，或者為了逃避這一切，繼續唸研究所。這些人背後多半有很大的經濟支柱。逃避，不能讓時間停下來，就算你還是具有學生身分，但時間的流逝會告訴你，這個時間你應該要做什麼。

如果說求學需要最佳和最通透的腦力，那麼工作則是需要最佳的體力和反應力。當人生中最佳的腦力已經漸入平穩之後，體力和反應力也會趨向和緩。

如果你沒有更周全的計畫，只是為了逃避，繼續躲在求學的避風港，那無疑是在蹉跎工作的好時光。

大學畢業約莫是二十四歲，依據人體生理變化，所有的生理機能在二十五歲達到最高點，之後便向下滑落。如果你還在逃避出社會，到了三十歲左右才要奮鬥事業，請問，在你開始要定期向醫院報到之前，還有幾年可以從頭幹起？

你工作的衝勁，能不能和初出社會的二十出頭青年相提並論？

老一輩的人走過長長的一生，比我們更懂得「什麼時候應該做什麼事情」。因為他們步入年邁的時候才驚覺自己錯過多少，而這些時機一輩子可能只有一次。

有些女孩子總是認為自己青春無敵，悠游在單身的快活裡，沒有想到明天。她們想著被更多男人供奉，被父母疼愛，過著小公主般的生活。這是每個女孩生命當中最燦爛的時期，燦爛到忘記花朵會有枯萎的一天。雖然我們忘記枯萎，但是身體已經在枯萎，身體的機能不是幾瓶特效除皺霜就能阻止得了老化。

她們日夜尋找那個百分之一百的男人，一再錯過百分之八十的男人。她們說，不要那麼早進入愛情的墳墓。她們要環遊世界，揮灑單身生活。她們覺得那些一踏出校園就結婚的人很愚昧。

有的時候，結婚的時機是時間，也是人。我很佩服某些女孩子的方向感，她們很清楚自己是不是要結婚，如果不結婚，她們的生活計畫在哪裡；如果要結婚，她要過什麼樣的婚姻生活、要什麼樣的人來陪伴她往後的日子。然後在那個人出現的時候，對了，就結婚。這些有方向感的人不會因為衝動被愛情沖昏頭，她們知道如何評估。

結婚生子，順理成章，沒有大礙，不需要靠命運，自己就可以決定。

該結婚的時候就去結婚，這是非常重要的事情。因為這個決定，和你未來的生兒育女計畫，以及退休計畫息息相關，密不可分。如果總是懸宕在莫名的情愫裡，就會阻礙正確的方向感，打亂以後的計畫。而每一個計畫，都直接影響到你的生存可能。

這些時機，在我們年輕的時候不容易洞察。因為我們年輕，身強體壯，沒有什麼可以威脅我們的生存。我們總是錯過了好時機，只是因為我們以為年老離我們還太遙遠，不容易洞察一個人生決定對往後的巨大影響。

可是生命中的每一件事情都有它的時機，不容忽慢。

掌握重點出擊

我們都在人生的經驗當中尋求更靈活的思路。一回生，二回熟，知識給了我們對事物初步的概念，而真槍實彈的經驗則讓我們透徹整個事物的面相。

我們的人生智慧會因為這樣的經驗練習，越來越熟稔，對於事情的看法也會越來越清晰。

第一次處理一件事情，靠的是過往知識的累積；第二次處理相同的事情，靠的是知識以及第一次失敗的經驗；第三次處理相同的事情，我們漸漸依靠過往的經驗，知識已經融入經驗，渾然一體。當我們日積月累地重複一件事情，我們漸漸習慣，不管事情如何變化，我們始終都能憑直覺掌握重點。

這是一個講求速度的時代，但是快速並不是亂槍打鳥，不是雜亂無章，不是不假思索的反應。沒有經過大腦思考的決定，往往漏洞百出。

你需要學習掌握重點，才能正確出擊，方法有以下三種途徑：

一、多閱讀

知識的吸收有助於掌握事情的各角度，以及對邏輯觀念的概略了解。讀書的目的也在於此。

許多人一出了社會就停止閱讀的習慣，他們認為閱讀無助於現實的需求，不具有加分效果。事實上，這是錯誤的觀念。

閱讀習慣是在加強我們的語言能力，同時也是在加強我們的邏輯思考能力，而吸收資訊本身也是其效用之一。但資訊是沒有經過整理的知識，它的是非黑白還沒有明朗，所以只能作為參考，不能奉為圭臬。

你可以閱讀任何書籍，不管是知識性的、娛樂性的，保持腦袋隨時在思考的狀態。那麼，當有一天面臨需要解決問題的時候，你的腦袋就可以隨時運作，善於理解和分析。就如同你在閱讀過程當中，腦袋運行的狀態。

缺乏閱讀習慣，你的腦袋就常常處於習慣性反射狀態。凡事不假思索，慣性的依循前例，思考變得越來越遲鈍，而越來越難對付突發狀況，也越來越難看清自己所處的情境和方向。

所以要學會抓住重點，首先就要先學會「保持閱讀的習慣」。

二、從錯誤的經驗當中反省

許多人不懂得反省自己，但是很會反省別人。

我的朋友對我說，這是一個讓自己面對錯誤的時候心裡比較舒服的方式—將自己的行為合理化，然後就能從挫敗的情境當中走出來。

我很認同這樣解放心靈的方式—如果你確實承受不了自己的錯誤，如果你的心靈脆弱到需要這樣的治療。

否則，請你無論如何要正視自己的錯誤。為了面子，為了其他種種考量，你可以對外抵死不認錯到底，可是面對自己的時候，你不能再這樣自欺欺人。因為錯誤的事情不會因為你的不承認，就變成正確。

你必須承認，對自己坦白從寬。只有知道自己錯在哪裡，才能避免下一次犯同樣的錯。

有人說，第一次受騙上當，是可憐；第二次受同樣的騙上同樣的當，那是活該。

當你第一次犯錯失誤，那是情猶可原；當你第二次犯同樣的錯，責任要你一個人承當。

想學會清楚掌握重點，就要學習面對，面對事件發生的來龍去脈，把自己跳脫出來，當成第三者去觀察，才能夠客觀地掌握全局。

找出你曾經忽略的地方，下一次面對類似問題，就會記得提醒自己。這是一種用失敗換取的寶貴經驗。

三、保持安靜

每一天你應該有一小段時間是安靜的，哪怕是睡覺前的十分鐘，你的腦袋要清空。避免讓自己的生活跌入盲目的行動裡，雖然你已經非常熟悉這些行動。即使你對生活的一切已經很熟悉，也懶於求新求變，可是你需要保持清醒，知道每天做出的每個抉擇是什麼。而這些抉擇當中，又有哪些是好的？哪些是不好的？如果再來一次，你能否做出不一樣的選擇？

你應該減少不必要的喧嘩，包括不必要的應酬、約會，包括不必要的娛樂。許多人喜歡說「打發時間」，所以把一天二十四個小時排得滿滿，沒有一刻喘息。他們覺得這樣的生活非常充實。

日復一日，當你被這些滿滿的、不必要的事情充滿，你變得無法思考，你唯一的思考只剩下安排不同的約會日程，可是到了最後你也不知道自己為什麼要這樣做。

人不怕改變，也不怕不改變，最怕的是在變與不變當中，連自己都搞不清楚狀況，搞不清楚是非。

所以你需要的不是讓自己生活變得更充實，特別是大都會裡面的人，你需要的只是讓自己的生活更安靜。因為人的一天只有二十四小時，扣除八個小時的睡眠時間，你能夠認真處理的事情有限，如果把每一個行程都排得滿滿的，你沒有辦法掌握到底，也無法把事情做到好。

四、認真看待身邊的每一件事

有些人什麼都要參與，什麼都要插一腳。當他們覺得自己需要充實，就去翻幾本書來充實自己；當他們覺得自己需要資訊，就開始飢渴地閱覽大量書報；當他們認為要追得上潮流，就加入所有和時尚相關的休閒活動；當他們發現需要經營人脈，他們就去找幾個飯局來聚一聚，保持自己有朋友的感覺；當他們認為年輕就是要賺錢，他們就去找尋能快速賺錢但是沒有前景的工作；當他們認為沒有前景的工作很可怕，就開始急著要換工作；當他們有一天發現自己的所學實在不足，就突然消失在職場上，回學校唸書去了。

什麼事情對他們來說都很重要，但也不是絕對必要。

他們看待一切都是玩票性質。而一切既然只是玩票，就無從認真起。

當你對待一件事情不夠認真，那麼這一件事情也會回應你不清不楚的結果。如果你總是不認真看待你身邊的事情，那麼你將注定一事無成。如果你總是在還沒有了解事情的重要性，就妄下判斷它的好壞和價值，那麼做決定的不是你的理性，而是你的情緒。

能夠認真看待一件事情，才能夠認真地下決定，認真地經營。這一份真心誠意，才能讓你動動腦筋，然後你的這一份參與才不會只是浪費時間。

怠慢則不能勵精

怠慢則不能勵精，這句話的意思是，如果你對待一件事情的態度是可有可無地延宕，無所謂地一拖再拖，那麼你最多只能完成，但是不會更好。

一、懈怠的問題

當你對一件事情再三延宕，你其實已經拖過了處理這件事情最好的時機。錯過了這個天時地利人和的時機，你的努力就很難再有相同的效果。

而且因為那份耿耿於懷的挫敗感埋藏心頭，你開始逃避這件事情，最後可能不了了之。

例如說，你在該唸書的時候不唸書，該工作的時候不工作，該休息的時候總是在煩惱，一件事情推過一件事情，將會使你的生活混亂，失去了基本的生活品質，更別想要把手上的事情都處理妥當。

此時不做，更待何時？你無法給自己的推托怠慢一個合理的理由。而懶惰，只是逃避一個小小的逃避，往往引發更大的問題。

二、偷懶的問題

無法振做起精神，對每一件事情都是有一搭沒一搭，如何能夠把事情做好？諸葛亮說，怠慢則不能勵精。如果你對於事情的要求總是只有六十分，那麼你真正完成的時候只有五十分不到；當你對自己的努力要求到一百分，你至少能達到九十分。因為理想高過現實，因為總有一些不可掌握的狀況，所以你必須要在一開始就對自己有所要求，而且是高標準的要求。在你努力的過程當中，就要把每一個環節都仔細完成，如此才能夠有一個接近圓滿的結果。

在這個快速的時代，我們需要更清醒的頭腦，更認真的態度，否則追不上時代的速度，也達不到時代的要求。諸葛亮在數千年前就已經告訴我們，要掌握重點認真出擊，並遵照時間表按部就班的行動。如此，我們才能夠在任何事上都達到精確、圓滿，缺失最少的成效。

忙到重點上

鐘錶裡的秒針在牆上轉，陀螺在地上轉。陀螺抬頭嘲笑秒針說：「你每天急急忙忙地轉，卻總是走著同一個圈，忙忙碌碌有什麼意義呢？你看我，想轉到哪就轉到哪……」

秒針笑了笑，對陀螺說：「你也是忙忙碌碌地轉，我也是忙忙碌碌地轉，但我轉圈能夠指示時間，人們離不開我，而你，轉來轉去意義何在呢？」

「雖然我忙得團團轉，可是時間老是不夠用！」

「我總是有接不完的電話、開不完的會……」

「我覺得自己忙得都快要爆炸了！」

在我們周圍經常聽到類似的抱怨。忙碌緊張的生活和工作壓力，導致諸多人產生倦怠、焦慮的情緒，甚至引發身體不適，出現潰瘍、心悸、頭昏、高血壓等症狀。然而心理專家指出，如果懂得時間管理，掌握工作方法，提高執行力，這些症狀就可以減輕甚至消失。

時間管理做得好，可以更有效率地完成工作與生活計畫。時間是不等人的，世界上沒有人能「控制」時間，真正能管理的，其實是自己。而所謂的時間管理，應該是一種「自我管理」。

那種看似忙忙碌碌、最後卻發現自己一事無成，甚至與自己的目標背道而馳的人，就是自我管理做得不好的人。「瞎忙」也是許多效率低下、不懂得工作要領的人最容易犯的錯誤。做事匆匆忙忙的人，往往一件事未幹完，又去做另一件事，或幾件事一起幹，結果就是哪件事都沒做好。這樣的人做事缺少必要的計畫，遇到問題也缺乏思考，永遠是埋頭做事，匆忙如大自然中的螞蟻，卻沒有多少實質收穫，永遠讓工作追著跑，結果把大量的時間和精力浪費在一些無用的事情上，才讓工作變得越來越複雜，時間越來越不夠用。

一群伐木工人到森林裡清除矮灌木，他們走進一片樹林就開始工作，揮汗如雨費了好大力氣清除完一片灌木林。他們直起腰來準備休息一下，享受完成了一項艱苦工作後的成就感，卻猛然發現他們搞錯了地點，旁邊那片樹林才是他們要清除的任務。

很多人就如同這群清除矮灌木的工人，只顧埋頭幹活而未抬頭看路。

其實，不論做什麼事，完成什麼任務，事先的分析和準備都有助於釐清實現目標的最佳方案。凡事預則立，不預則廢，有些事情不可不弄明白，忙也要忙到重點上。要知道如何主動地安排工作，而不是被動地適應工作，才能高效率地做事。就像一只精準的鐘錶，行走十分規律，不快也不慢。

大蟒蛇和小毒蛇是好朋友。

有一天，他們在路邊發現了一隻大烏龜，心想，這麼大的塊頭，真是一頓美餐啊。蟒蛇自告奮勇地說：「我來對付他。」於是施展自己的絕技，用身體將大烏龜牢牢地纏住。大烏龜將頭和身體縮進了殼裡，任憑蟒蛇怎麼纏怎麼繞，也無法傷害到大烏龜。累得氣喘吁吁的蟒蛇洩了氣，閃到一邊。

大烏龜謹慎地露出腦袋，可就在他伸出腦袋的那一瞬間，小毒蛇閃電般地竄上去，在烏龜腦袋上咬了一口，大烏龜很快因為中毒而死了。

蟒蛇佩服地說：「哇！我花了那麼大力氣也沒能制服他，你卻輕而易舉地辦到了！」

小毒蛇說：「因為我瞭解他的要害。」

有些人雖然看上去很有執行力，接到任務立刻雷厲風行地去做，卻不一定能夠圓滿完成，甚至事倍功半。癥結就在於懶得思考，輕舉妄動，對任何事情都不深思熟慮，只憑一時衝動草率行事。如果事先能夠認真制定策略，抓住事情的關鍵點，一招制勝，又何至於忙得四腳朝天呢？

舉一個例子：在行銷工作中，新品上市初期，開拓市場、尋找經銷商是一件非常重要的工作。面對一個陌生的城市，如果你是一名銷售員，會怎麼辦呢？是急於四處走街串巷，把自己淹沒在混亂的店家和疲憊的行走中，還是經過市場調查後，擬定拜訪計畫及合理路線？

有智慧的人做事絕不匆忙，也不拖延、不莽撞、不躊躇。他們總是有條不紊，不慌不忙，沒有積壓，也不延遲。

做工作的主人，而不是奴僕。不能一有想法就立刻去做，待發現偏差才要調換，而是一開始就把所有事情都想好、理清。

有時候過於忙碌是因為我們額外增加了一些不必要的工作，表面上看起來，我們是有所追求，是積極向上，但是仔細思索之後就會發現，很多人陷入了為忙碌而忙碌的怪象之中。這時我們不妨問問自己，因為受習慣的生活方式影響，每天有多少事情是不得不勉強去做的？繁瑣的例行公事是否讓自己的生活掉進了浪費時間、浪費精力的陷阱？如果為了一些可做可不做的事情，把自己弄得團團轉，實在是一種錯誤的心態。

美國有一位宣導簡單生活的專家愛琳·詹姆絲。她曾經也是一個終日忙碌的人，有一天，她坐在自己的辦公桌前，望著寫滿密密麻麻事宜的日程表，她意識到自己的生活已經變得太複雜，用這麼多亂七八糟的事情塞滿自己清醒的每一分鐘，簡直就是瘋狂又愚蠢。

於是，愛琳做出了一個決定：她要開始摒棄那些無謂的忙碌，簡化自己的生活。她說：「習慣驅使我們去做所有這些日常瑣事。我們總是擔心如果不去做，就會失去某些東西。也許我們的確會失去什麼，但是這沒什麼不好，我們還是活得好好的。不僅僅是活著，而是活得更瀟灑了，因為我們再也用不著試圖去做所有的事情。看看那些對人類藝術領域、音樂領域、科學領域做出卓越貢獻的人，如畢卡索、莫札特、愛因斯坦，這些人都生活在極為簡單的生活之中。他們全神貫注於自己的主要領域，挖掘內在的創造泉源，因此獲得了豐富精彩的人生。」

接著，愛琳列出一張清單，把需要從自己生活中刪除的事情都排列出來。她的簡化清單總共包括八十多項內容，比如註銷一些信用卡，以減少每個月收到的帳單函件；透過改變日常生活和工作習慣，使得居家環境更加整潔等等。

過度忙碌的人該清醒了，仔細分析一下，就會發現總有些東西需要放下。摒棄那些多餘的、占用自己大量時間和精力的東西，把這些時間和精力用於我們真正希望去做的事情上。

第七堂課

性格的力量——

你想成為誰，比你是誰更重要

性格的力量——你想成為誰，比你是誰更重要

走在台北街頭，每一天都會看到這樣的人——

他們雖然臉色很差，精神不繼，但是仍然腳步匆忙的穿梭在大街上、在百貨公司裡面人擠人。

他們走路的時候總是低著頭，看著自己的腳，垂著施展不開的雙臂，睜著睜不開的雙眼，背著很沉重的背包走著。

苦不堪言。

可是，大家到底都在忙什麼？

忙著上班，忙著上學，忙著找客戶應酬，忙著接送小朋友上下學，忙著和情人約會，忙著賺錢，忙著這個那個，忙到最後倒在床上，只想要問自己，這一連串像枷鎖一般的生活，到底何苦來哉？

打從一出生開始，我們就被命運的手推著轉，從家庭、朋友到情人……有太多的事情是冥冥中已經注定，好像要反駁也反駁不了。

可是，後來有更多的命運是我們自己造成的，是我們自己把自己捆綁起來，丟進自己製造的漩渦裡。

有人總是抱怨工作很忙，這種忙碌從早上九點開始，一直到晚上十點為止。他累到精疲力盡，覺得自己的命運很慘，工作很繁雜，同事很爛，下屬很懶，年終獎金很微薄，老闆對自己沒有一點體恤憐憫之心，再加上回到家裡總是要面對老婆的冷眼。他覺得自己非常非常地可憐，全世界沒有人了解他。

可是除了他自己之外，還有誰能夠代替他一開始決定投入這份工作？是這份工作的高薪吸引他，還是老闆對他的看重吸引了他？他的生活完全是自己的決定造成的結果。

有些人抱怨薪水很低，怨嘆自己是廉價勞工，不但事情太多，地位太低，而且永遠不受老闆的重視，升官永遠輪不到他。可是除了他自己之外，還有誰能夠代替他一開始決定要投入這份工作？是這份工作不需要負擔什麼責任吸引了他；是每天可以按時下班的輕鬆吸引了他；是可以放更多時間在家庭生活吸引了他；這樣的工作、這樣的回饋，正好回應了他所享受到別人享受不到的一切。

有些人選擇了太美麗的女人為妻，卻怨嘆美麗的女人開銷很大而且驕縱。他們為了這樣的女人每天作牛作馬，內心哀怨不已，卻又在和她一同出席親友聚會場合的時候，因為身邊的女伴耀眼奪目而感到驕傲不已。

有些女人選擇了非常富有的男人，卻怨嘆富有的男人很會對她頤指氣使，而且工作太忙碌所以不能陪她。可是當她坐在美麗的花園別墅裡，享受午後安靜的時光，卻又捨不得離開這樣的生活。

有些人喜歡擁有家庭的滿足和安全感，可是又埋怨家庭給她的束縛和壓力。有些人喜歡單身生活的自由自在，可是常常在無助的時候想起那個曾經說要給她一個家庭的男人。

我們究竟在忙什麼？忙著實現自己心目中的慾望，然後試著去忽視背後的代價。久而久之，我們就遺忘了這個慾望的實現是為了什麼？難道值得付出這樣的代價？

我們忙著更努力去追悔失去的一切，更忙著去抱怨現在的一切。忘記曾經對於現在想擁有的追求渴望，忘記曾經對於已經失去的是多麼忽略、不在意。

忙到有福氣擁有，卻沒有福氣享受。

你在忙什麼？你知道嗎？當初對於現在的擁有，是多麼不顧一切，你還記得嗎？

你這麼忙碌，還記得好好珍惜、好好享受現在的擁有嗎？

得到了之後，你，快樂嗎？

靜下來陶冶性情

現代人最可悲的地方，就是資訊發達且過於普遍，以致發展慾望的速度太快，可是達到夢想的距離卻越來越遠。

因為這一路上有太多美好的景色在等待，眼光所及之處，都是美麗的花朵，忍不住停下腳步來撿拾，不論是否真的需要它。把重要的事情拋在腦後，一直到玩樂的新鮮念頭過了後，才會想起自己的正事。

現代人隨手可得的資源很多，不管是知識還是物質的資源。可是能夠成功的人卻比以前少，這是為什麼？

因為吸收的資訊並不是幫助我們達成理想的資訊，而是阻礙我們理想的資訊。

以前的人很單純，看到醫生賺錢，就想要當醫生；看到法官有權力，就想要當法官。這一路的努力就是很單純的唸書、考試，沒有什麼難的。

現代人看到更速成的方法、更簡易的路。要名要利，不只有一條路。他們看見外貌可以出名，瘋狂的點子可以出名，殺人放火可以出名；他們發現不一定要本份地工作才能賺錢，哪怕是吹噓、偷搶拐騙，也可以賺到錢。

這是每一天新聞的資訊告訴我們的。

從正面的角度看，世界走向多元化，可是一個人有多大的堅強和毅力，可以從這些多元化的事物當中釐清事實的面貌，看清自己想要的、找出自己需要的？

無所適從，是這個時代讓人感到最恐慌的病毒。

可是，我們仍然有方法可以抗拒這樣的病毒，讓自己更從容地活著。不管世界如何改變，你的心裡已經計畫好的一切，不會因為眼睛所見、耳朵所聞而錯亂了方向感。

首先，你應該要多閱讀，吸收知識。只有正確的邏輯概念、被檢驗過的知識，才能夠有助於你的判斷能力。

除了讀書，我們別無他法去獲取這樣的能力；除了向學問低頭，我們沒有其他可以低頭的對象。

小時候父母告訴我們，讀書，是為了更輕鬆地賺錢。長大出了社會才明白，要賺錢不一定得唸書；而唸更多的書、更好的學歷，並不一定可以使我們得到更豐厚的收入。

我看見那些不愛唸書，可是努力工作，處理事情也有一套的孩子，對於自己未來的路計畫得非常周詳，並不輸給一般大學生。他們的特點在於提前認清了現實的社會，做出符合現實的選擇，而很多學富五車的人，還在空中樓閣建築自己的夢境。

那麼，唸書到底是為了什麼？讀書似乎無助於一個人好好生活下去。

然而，真的是這樣嗎？

這幾年詐騙集團非常盛行，他們鎖定的目標通常是中年婦女。為什麼是中年婦女呢？因為中年婦女掌握家中的經濟大權，可是知識不足夠。知識不足夠的結果，就是用耳朵判斷真假，而不是用腦袋。

雖然電視新聞一再宣導防詐騙觀念，銀行團也加強戒備，可是依然有許多人陸續受害。

當我第一次知道詐騙集團運用提款機做為犯案媒介的時候，感到非常訝異。提款機怎麼可能把別人家的錢轉進來呢？這是非常基本的常識，卻還是騙倒了一堆人。

有時候轉到電視購物頻道，看見非常多的減肥產品，說盡了神奇的理由，吸引許多人踴躍購買。每一種產品的效果都很神奇，也都可以不用運動、不用節食、不費吹灰之力，而且唯一的缺點就是「會讓你太瘦」。

這哪裡還得了？全世界女人都在狂吃狂喝，把屁股長年黏在椅子上，還想著要減肥，怎麼可以放過這神奇的減肥聖品？

我不懷疑減肥食品有效果，可是我懷疑太神奇的效果。因為人的身體不是吹汽球膨脹的，是脂肪撐大的。脂肪的結構緊密，非得長年累月的「少吃多動」，否則難以攻破。而且人體生理結構複雜，肥胖的原因不一而足，可能因為某一種藥效而翻盤嗎？

但無論醫生如何說明，醫學報告如何白紙黑字地警示那些減肥食品的後遺症，都無法遏止減肥食品大行其道。

而且，越誇張的藥效越迷人。

明明活在現實世界，卻一直被不存在的東西牽著走。

邪亂的宗教也是用同樣方法，從人群當中謀取自己的利益。

無知的人因為害怕下地獄，所以一面殺人放火一面捐錢到慈善機構「贖罪」，而真正的宗教不會教你這樣做。

讀書的目的在哪裡？不是讓你賺錢更容易，或者生活更如意，是要我們「認清」重要的事實。關於我們的健康、金錢、工作、休閒和興趣，藉著書本的管道，讓我們看清楚事物的本貌，而不會被一則廣告、一個說辭牽動。讀書可以讓我們更冷靜，去思考那些和知識有出入的事情，究竟有幾分真實性？邏輯上能不能說得通？

當你獲取資訊的管道越多，你就越需要唸書，越需要正確的知識，給你打一劑預防針，預防那些似是而非的道理和誘惑。

其次，你需要緊緊抓住身邊最重要的事情─你的工作、你的家庭。你的工作是你的經濟來源，你應該要特別重視；而你的家庭是你的港灣，你唯一能信賴的地方，你應該要好好經營。

有些人把朋友看得特別重要，喜歡熱鬧。他們渴求同儕陪伴，從青少年時代一直如此。為什麼把朋友看得比家人還要重要呢？

因為朋友對他的要求不會「太高」。從古至今，朋友的角色是輔助，隨時可能因為志不同道不合而分離。可是家人不同，家人不會隨便和你分離，不管是骨肉至親還是另一半的恩情。他們和你一同生活，一同呼吸，一同甘苦，就算一家人的理念再不合，也改變不了親人的事實，你的好你的壞，家人沒有選擇地承擔下來，也會無可選擇地包容錯誤。因為無法分離，不能捨棄，所以家人才能視你如己，視你的苦如自己的痛。所以家人不會挺你的錯事，不會喧嘩著讓你去做不正當的事情。

有些人則把休閒娛樂看得非常重要。明明隔天一早要上班，他們還是能玩樂到天亮，把最沒精打采的時間留給工作。他們覺得工作很苦，巴不得好逸惡勞地過著日子。而且人都有惰性，當你開始心生怠惰，就會習慣性地想偷懶，於是工作的成就和回饋也就一一離你而去。

不管工作再好再壞，你都沒有理由輕視它，因為它是你生存的必須工具。如果你的工作穩定，你的經濟生活就能穩定，然後你才有餘力去談興趣，談休閒，談更多享樂。

接下來，你應該讓自己的生活更單純一點。什麼是單純的生活？就是除了工作和家庭之外，沒有絕對必要的精力付出，包括應酬和娛樂。

當然你偶爾需要放鬆，但那是偶爾。如果放鬆變成了習慣，一個定時定量的需求，那麼久而久之你就會變得散漫。你的腦袋會一直想著無所求無所得的事情，它們吸引你，也將鈍化你的思考速度和反應能力。

安靜，才是最適當的休閒。唯有讓你的生活單純一點，你才有時間安靜。如果工作已經讓你戴上一張面具，家庭又讓你戴上另一張面具，那很夠了，你非常需要時間把面具拿掉。把面具拿掉並不是到另一個娛樂場所去脫掉面具，解放、狂歡、疲累、虛無、悲傷，而是一個人安靜地面對自己、省視自己。

險躁則不能治性

三國演義當中最險躁的英雄，要算是張飛，其中有一段張翼德怒鞭督郵的段子，是張飛在三國演義大快人心的一段。

到縣未及四月，朝廷降詔，凡有軍功為長吏者當沙汰。玄德疑在遣中。適督郵行部至縣，玄德出郭迎接，見督郵施禮。督郵坐於馬上，惟微以鞭指回答。關、張二公俱怒。及到館驛，督郵南面高坐，玄德侍立階下。良久，督郵問曰：「劉縣尉是何出身？」玄德曰：「備乃中山靖王之後；自涿郡剿戮黃巾，大小三十餘戰，頗有微功，因得除今職。」督郵大喝曰：「汝詐稱皇親，虛報功績！目今朝廷降詔，正要沙汰這等濫官汙吏！」玄德喏喏連聲而退。歸到縣中，與縣吏商議。吏曰：「督郵入威，無非要賄賂耳。」玄德曰：「我與民秋毫無犯，那得財物與他？」次日，督郵先提縣吏去，勒令指稱縣尉害民。玄德幾番自往求免，俱被門役阻住，不肯放參。

卻說張飛飲了數杯悶酒，乘馬從館驛前過，見五六十個老人，皆在門前痛哭。飛問其故。眾老人答曰：「督郵逼勒縣吏，欲害劉公；我等皆來苦告，不得放入，反遭把門人趕打！」

張飛大怒，睜圓環眼，咬碎鋼牙，滾鞍下馬，逕入館驛，把門人那裡阻擋得住。直奔後堂，見督郵正坐廳上，將縣吏綁倒在地。飛大喝：「害民賊！認得我麼？」督郵未及開言，早被張飛揪住頭髮，扯出館驛，直到縣前馬樁上縛住；扳下柳條，去督郵兩腿上著力鞭打，一連打折柳條十數枝。

因為這樣喜怒鮮明的性格，延續到後來，為了要替關雲長復仇，肝火大動，不惜怒鞭勸阻的人，後來的下場就是死於火爆性格，被自己人所殺。

說張飛回到閬中，下令軍中，限三日內製白旗白甲，三軍掛孝伐吳。次日，帳下兩員末將范疆、張達入帳告曰：「白旗白甲，一時無措，須寬限方可。」飛大怒曰：「吾急欲報讎，恨不明日便到逆賊之境。汝安敢違我將令！」叱武士縛於樹上，各鞭背五十。鞭畢，以手指之曰：「來日俱要完備！若違了限，即殺汝二人示眾！」打得二人滿口出血，回到營中商議。范疆曰：「今日受了刑責，明日如何辦得？其人性暴如火，倘來日不完，你我皆被殺矣！」張達曰：「比如他殺我，不如我殺他。」疆曰：「怎奈不得近前。」達曰：「我兩個若不當死，則他醉於床上；若是當死，則他不醉。」二人商議停當。

卻說張飛在帳中，神思皆亂，動止恍惚，乃問部將曰：「吾今心驚肉顫，坐臥不安，此何意也？」部將答曰：「此是君侯思念關公，以致如此。」

飛令人將酒來與部將同飲，不覺大醉，臥於帳中。范、張兩賊，探知消息，初更時分，各藏短刀，密入帳中，詐言欲稟機密重事，直至床前。原來張飛每睡不合眼，當夜寢於帳中，二賊見他鬚豎目張，本不敢動手；因聞鼻息如雷，方敢近前，以短刀刺入飛腹。飛大叫一聲而亡。時年五十五歲。後人有詩歎曰：「安喜曾聞鞭督郵，黃巾掃盡佐炎劉。虎牢關上聲先震，長板橋邊水逆流。義釋嚴顏安蜀境，智欺張郃定中州。伐吳未克身先死，秋草長遺閬地愁！」

心理學家說：思想影響行為，行為影響習慣，習慣影響性格，性格影響命運。張飛急躁的性格影響了他的命運，這樣的英雄竟然不是戰死沙場，而是死於手下和醉酒。

諸葛亮說「險躁則不能冶性」，冶性的目的在於讓自己的腦袋隨時保持清醒，可以理智判斷。

正常人平日當然都是腦袋清醒的。當生活風平浪靜，一切穩定快樂的時候，我們不可能突然失去理智，憤怒或者悲傷，讓這些情緒控制自己。

除了心理疾病之外，大多數人都能保持腦袋清醒，不會失控。

如果不是因為關雲長的死刺激了張飛，那麼就算張飛再怎麼脾氣不好，也不可能失去理智，把別人的良心勸阻，當成是惡言相向，而怒不可遏，做出了過份的事情導致殺身之禍。

個性險躁，平日可能無妨。易喜易悲易怒的人，快樂的時候很可愛，或者可以說他是真情流露。可是一旦遭遇不尋常的事情，如果還是任隨情緒擺佈，無所謂地發洩，那會把原本的小問題捅得更大，更難以收拾。

古代要殺一個人，除非有深仇大恨，可是我們現在看見社會上的許多兇殺新聞，起因往往都是「一言不合」，或者「一眼不合」。而且不但殺人的時候不知道自己在做什麼，殺了人之後，對於自己的行為也無法說出一個所以然。為了細故喪失理智至此，甚至毀掉自己的性命和前途，這難道不是一件誇張的事嗎？

我們必須要讓自己的性情平穩，不管遭逢什麼樣的是非恩怨，都能冷靜以對，評估其中的利害得失。當事情來的時候，不管你再如何的情緒反應，都於事無補。你無法用魔法讓自己不想要的東西消失，也不能把已經發生的事情當做不存在。你急得跳腳，氣得失控，都只會加深你和現實之間的鴻溝。沒有了解，就沒有解決的方法。你受困其中會更長更久，而且你的情緒會引爆其他人的情緒，環環相扣，就把原本的問題搞得更棘手、更複雜化。

為此，我們平時就應該保持平和的心情，「不以物喜，不以己悲」，達到「無入而不自得」的境界，然後才能夠控制我們的腦袋，用腦袋去處理身外之物。陶冶性情，為的是追求更美好的人生，也是為了保持自己完整的才能和戰鬥力。

改變命運從改造自己開始

小的時候我們以為自己可以改變整個世界，長大之後卻發現自己根本無能為力。是什麼讓我們的思想變得如此僵化和頹廢呢？我們的人生真的已成定局無法改變了嗎？當然不是！如果我們覺得自己的命運並不像自己想像的那樣好，還需要做一些改變，那麼唯一的方法是先改變自己。只有自己改變和提升了，你的世界才可能改變。

命運掌握在我們自己手中，這一點毋庸置疑。但是身為命運的主宰，很多人卻似乎過於懶惰和隨波逐流，如果我們保持現狀，勢必會將自己的運氣用光。想要改變這種狀態，就要先從改變自己開始。你會發現，自我改造可能是你人生當中最有趣、最神奇和最自在的事情。當你嘗試新的理念，用新思想去開始新的生活時，你很有可能就此超越過去，成就新的自己。

霍桑一直都希望自己可以考上大學，因為這是父母的期望。然而，他從小到大都不是一個聰明的孩子，甚至可以說他的資質平庸。儘管他用了大量的精力和時間努力學習，但是各門功課依然還是都不及格。幾乎所有認識霍桑的人都認定，他一定考不上人學。

大家的想法應驗了，霍桑不僅沒有考上大學，甚至在考試之前就輟學了，因為讀書對霍桑來說實在太困難。霍桑對此一直很愧疚，這讓他生活在憂鬱之中，覺得父母一定會因為自己沒能考大學而非常失望。

儘管如此，生活還是要繼續，為了生存，霍桑在輟學之後開始為一名富商打理他的私人花園。

工作之後的霍桑漸漸從憂鬱中走出來，他明白自己不能一直這樣下去。他在心裡對自己說：「是的，我的確不夠聰明，可是我也不是癡呆兒。雖然我對自己的智商無可奈何，但是總有一些東西是可以改變的。我到底能改變什麼呢？沒錯，我能變得不自卑，我能變得勇敢。還有，既然我已經注定天生愚鈍，那我為什麼還要承擔不幸所帶來的憂鬱呢？至少我可以讓自己活得快樂一些。」

經過這番思考之後，霍桑真的變了一個樣子，無論做任何事情，他總是能夠看到好的一面。

一天，霍桑進城去辦事，他走到市政廳後面，看到一位參議員正在跟人講話，距離參議員不遠處，有一片滿是污泥濁水的垃圾場。霍桑心想：「這裡不應該是骯髒的垃圾場，它應該是開滿鮮花的綠地才對。」

於是，他勇敢地走上前去對參議員說：「先生您好，如果您不反對，我想把這個垃圾場改成花園。」

參議員看著霍桑，禮貌地說：「你的建議非常好，但是你要清楚，市政廳是拿不出一筆錢來讓你做這件事情的。」

「我不要錢。」霍桑笑著說，「您只要答應由我辦這件事就可以了。」

參議員感到非常吃驚，他以前可從來沒有碰到過這種事情，哪有做事不花成本的呢？但是，他從霍桑的眼裡看到了真誠，於是認真聽取了他的想法，覺得霍桑的主意非常棒，於是答應了他的請求。

從第二天開始，霍桑便每天拿著工具、帶著種子和肥料來到這塊滿是爛泥的垃圾場，他非常有自信能讓這片污泥上開滿鮮花。

霍桑的舉動很快引起了大家的關注，儘管人們覺得他很傻，但還是不得不佩服他的自信和勇敢。沒過多久，就有一位熱心人給他送來一批樹苗，他的富商老闆允許他到自家的花圃剪玫瑰插枝。一家頗具規模的傢俱廠得知這一消息後，表示願意免費提供公園長椅，只要霍桑允許他們在這些椅子上做自己工廠的廣告。這是對雙方都有好處的事情，霍桑自然不會拒絕。

透過霍桑的努力，這塊泥濘的垃圾場竟然真的變成了一座漂亮的公園，這裡有綠茵茵的草坪，有曲曲折折的小徑，有開滿鮮花的玫瑰園，人們在長椅上坐下來，還可以聽到清脆的鳥鳴聲……

眼前的一切讓所有市民都讚歎不已，大家都在說，有一個小夥子辦了一件了不起的大事。這座小小的公園就像一個生動的展示櫥窗，霍桑不需開口，就已經展現出自己在園藝方面的天賦和才能。

很多年過去了，霍桑成為全國知名的園藝家。雖然他沒有考上大學，卻從一件不起眼的工作中發現了自身的價值，並且從中獲得事業上的成功。霍桑年邁的父母為自己能有這樣一個優秀的兒子而感到無比驕傲，雖然他並沒有像他們所期望的那樣考上大學，但是在自己的天地裡獨樹一幟，讓人們感受到他的出色。

霍桑沒有出眾的智能，可是這並沒有阻止霍桑的成就，他的成功來源於自身的改變。霍桑調整了自己的心態，然後樂觀認真地去過自己的人生，於是他的人生也樂觀認真地對待他。我們經常在問自己，我究竟是怎樣一個人？我究竟能取得怎樣的成就？為什麼我不能像別人那樣優秀？那是因為我們已經沉浸在現有的角色中無法自拔，我們為自己的生活設定限制和關卡，認定這就是自己，而不願意有所突破和改變。可是當我們用實際行動做出切實的改變，就會發現自己的命運不只如此。

第八堂課

時間的力量——

人生不能重來，但你可以拓展生命的廣度

第八堂課

時間的力量——人生不能重來，但你可以拓展生命的廣度

有一支臍帶血的廣告，內容是某位知名男星拿起一座沙漏，翻過來放在桌子上，沙漏裡面的沙直直地往下落。他說，你知道從你一出生的那一刻開始，生命就在倒數計時了嗎？

那一刻，相信很多人都和我一樣，感到莫名的恐慌。這樣一個鐵的事實，我們不是不知道，但是如此的貼切描述，讓我們十分震撼。

生命一直在倒數計時，在你讀到這篇文章的時候，你的生命又往前更邁進了一步，也就是更接近老化和死亡一點點。

我覺得死亡本身並不可怕，畢竟這是每個人都要回歸的地方，按各方宗教的說法，是回家也是安息。

老化是比較可怕的。因為老化代表身體漸漸地力不從心。如果你還有夢，你的夢會被困在一具力不從心的軀體裡面，感到遺憾。

古人說「老大徒傷悲」，意思就是說，年輕的時候沒有把握時間，做好人生規劃，

把時間都浪費在沒有意義的享樂上面，那麼等到年華老去的時候，就會悲傷感嘆，有多少未完成的夢想、有多少該做而沒有做的事情。

要身強體壯、青春燦爛如花的年輕人想到年老的規劃，那是不容易的。十幾歲離年老還太遙遠，因為生命才正要起飛，連而立之年都還沒有到，哪裡談得上老化？二十幾歲離年老也很遙遠，因為才剛經濟自主，有點支配享樂自由的本錢；三十幾歲離年老也還有一段距離，因為這個時候我們正要對世界呼風喚雨，掌握更大的資產和人事；四十幾歲離年老漸漸近了，許多人才要忙碌起來，該收心的收心，該回家的回家，該努力存錢的努力存錢。可是，你會發現所有年輕時候容易上手的事情，現在漸漸地變難了。

就連你的健康、睡眠和飲食，也都漸漸不容易了。

也許到了那樣的時候，我們才會發現失去了什麼，而發現的時候，往往都已經失去了。

有些人說，年輕人的精力太旺盛，結果就是在每天例行性的讀書和工作當中仍然無法消耗掉精力，用不完的精力讓許多年輕人有了失眠的困擾。

於是，有些人選擇用運動來發洩旺盛的精力，趁年輕給自己的健康打好基礎；有些人正好努力工作，努力經營現在，開創自己的未來；有些人卻選擇無所謂地打發時間來消耗體力，像是熬夜打牌、唱歌狂歡、去ＰＵＢ玩樂……彷彿這份精神和體力是多餘的，隨便做什麼事情消耗掉就好，枉費上天賜給人一副好身體的美意。年輕的我們總是不懂，旺盛的精神和體力到底要做什麼？

可是有些人懂，他們很早就體認到健康的價值。

有個朋友，小時候因為醫生的誤用藥物，導致他雙眼弱視，兩眼只剩下一隻眼睛可以看見，而那隻眼睛的視力範圍只有一粒米的大小，世界在他的眼裡不過一顆米粒那麼大。

而那顆米粒，只有〇．一的視覺效果。

他住在宜蘭的農村，生活除了音樂工作就是運動。他從不耗費什麼時間在休閒娛樂上，對他而言，最大的休閒娛樂就是音樂和運動，偶爾接待遠方來的朋友。

他努力維持獨立的生活，不假他人之手；他努力開創自己在音樂上的造詣，如今已是一位小有名氣的音樂家。

健康這項資產對他來說，已經失去了一半，所以剩下的一半，他更為珍惜。

我們常常都想，等再過幾年我們就要如何又如何，可是，我們似乎永遠在等時間消逝，好像只要乾等著，那一天就會到來；我們常常都說，等我們老了要如何又如何，可是，上帝可曾允許過我們「一定會」平安活到老？

人生的變化很無常，身體的變化又何嘗不是？雖然科技和醫學發展日新月異，看似劃除了許多疾病的根源，但是隨著自然界的重新佈局，有更多不知名的疾病仍然在陰暗的角落，隨時給人們一記當頭棒喝。

我們不可能永遠擁有身強體壯的財富，而且這項財富可能因為一個小小的意外，例如一次傳染病、一次命運之神的作弄，就不復存在了。人和健康之間的拔河，是看不見敵人的拉鋸戰，我們只能誠惶誠恐地好好珍惜，盡力維持，豈可隨便踐踏。

人體細胞每一天都在分裂，每一天都在老化。如果你正年輕，請你正視這個事實。就算保養品如何掩飾老化的表現，也掩飾不了身體機能老化的事實。

年紀

諸葛亮說，「年與時馳」。

你可能一年當中只有一次會察覺，你的年齡又飛走了一年，那是在你每一天過生日的時候。

小時候我們都很愛過生日，覺得自己長大了一點，更向自己想要的生活邁進了一步。

但是，有些人過了二十歲生日之後就開始刻意忽略自己的年齡，特別是女人一旦過了二十五歲之後，都希望永遠不要提起自己的年齡。

而男人就算年過三十歲還是非常意氣風發，身體的狀況卻會告訴他們已經不復年輕。漸漸地，容易腰痠背痛；漸漸地，鮪魚肚跑出來了；漸漸地，從一目十行、過目不忘，到了間歇性的失憶。

一天只有二十四個小時，一年就是八七六〇個小時。

你可曾想過自己是如何度過這八七六〇個小時的嗎？

如果你正常睡眠時間是每天八個小時，那麼你一年總共有二九二〇個小時是在睡眠狀態，沒有任何活動。於是你一年完整的清醒時間只剩下五八四〇個小時。

你每天的工作時間是八個小時，一個星期工作五天，一年工作二〇八〇小時，這樣一年就只剩下三七六〇個小時。

除了睡眠和工作之外，你是如何運用這三七六〇個小時呢？

如果你每天固定上網兩個小時，一年總共花去七三〇個小時上網，占去了你清醒時間的五分之一；你如果每個星期三次、平均一次三個小時參加不必要聚會，一年就花去你四六八個小時，用掉你清醒時間的十分之一以上；你可能每天都要固定花三個小時看新聞、娛樂新聞以及韓劇，一年就是一〇九五個小時，占去了你清醒時間的三分之一；同時，你每天還要花掉一個小時和人聊天打屁，這樣一年就要三六五個小時，是清醒時間的十分之一。

如果這就是你的例行生活，請問其中有多少時間是在為你自己的人生奮鬥？為你自己的健康奮鬥？

你有多少時間認真在充實生命，讓自己變得更成熟圓融，有這個年紀應該有的智慧？或者，你只是無所謂地快樂著？

當你正渾渾噩噩過日子，花去幾個月時間療情傷的同時，你的時間又已經過了一大半。

當你在熬夜狂歡的時候，你正在耗費的，除了時間，還有你的健康。而這些時間和健康多麼寶貴，那可能是你用盡所有老年的時間都換不回來的青春和體力。

年紀跟著時光快速飛逝，不是以年計算，不是以歲計算，而是以秒計算，以一眨眼的時間計算。

當你無所謂地歡娛，你不但正在耗費好體力，也正在耗費好時機。

除非你和時間算計，否則它只會一再剝奪你的健康和年紀。

很多人認為學歷只是方便找工作，所以他們該求學的時候不夠認真，一直到有點年紀了才開始想要精進學業，一晃眼已經來到三十大關。

當許多同年的人都爬到中階主管的時候，他們才正要起步，面對的是最基層最繁瑣的工作。許多產業並不在乎學歷，對他們來說，高學歷要求的高薪和其工作能力不成比例，他們寧可用更少的薪資去尋找更有活力的年輕族群，就算是年輕人的學識不那麼好。

許多人擔心中年失業。中年失業是非常可怕的問題，除了面對經濟壓力之外，還要面對社會壓力。台灣曾經有一段時間出現中年失業潮，許多中年失業的男子為了隱瞞自己失業的事實，每天到公園裡枯坐到太陽下山。

所以專家一再叮嚀，要提升自己在企業當中的價值，增加自己的附加價值。擁有專業還不夠，如果你還抱著混口飯吃的心態，混一個高不成低不就的職位和薪水，以為只有你知道自己的價值，那麼，當社會開始不景氣的時候，你就極有可能成為老闆眼中「事情做得太少」、「錢拿得太多」、「薪水應該被節省下來」的一員。

你每分每秒的虛度和耗費，都會反映在競爭白熱化的時代，這只是早晚的問題。

意志力的喪失

姑且不論政治上的成敗得失、歷史評價如何，我最佩服的一位現代老人就是李登輝先生。

這位老人最神奇的地方是，他永遠聲如洪鐘，氣勢如刀劍，果決的作風和敏捷的思考都讓很多年輕人汗顏。

他的健康和他年輕時候努力累積的政經資本，是讓他到老還能活得這麼年輕的原因。

人最怕的不是身死，是心死；最擔心的還不是人老去，而是心老去。

身體的死是毫無知覺、無由眷戀的。古人說，一死百了。人死了之後，就算史筆如劍，也刺穿不了那顆已經跳動不了的心臟。生不帶來死不帶去，可以很乾脆，不用煩惱。

最怕的是心死。人的心一旦死，就只剩下一個會動的軀殼，雖然還有感官，卻沒有感覺也沒有夢想。「哀莫過於心死」就是這樣的情況。

人也怕心老去。心死去了就沒有掙扎、沒有感覺，可是心老去了還會偶爾掙扎跳動，只是力不從心。人的心一旦老去，做起事來都沒有勁，看待什麼都可有可無，了無意義。這樣的人只想過一天算一天，對什麼都不再有期待。他們不是看開，而是「更堅信自己什麼都做不到」。

年輕有多可貴？

記得我對第一份工作懷抱傻勁，凡事要求完美，不惜日夜加班把工作做好，加班時數接近正常上班時數。可是到了第二份工作，可能因為更熟稔，找到偷懶的方法，就不再這麼「義無反顧」。我甚至常常想，當年的年輕真是了不起，難以想像的苦卻還是不覺苦。

有身體作為本錢，什麼苦都不是苦；有意志力作為本錢，什麼苦都不是苦，因為身體和腦力都負荷得了。可是當體力和腦力漸漸流失，那種力不從心的苦就會漸漸出現。當你精力過剩的時候，什麼事情對你而言都十分新鮮有趣，充滿挑戰刺激，正好消耗你旺盛的精力，達到可貴的平衡。可是當你的精力只能負擔少量的工作，那麼超時的壓力才會真正變成壓力。你要超越它，靠的就不是天生的本錢，而是想要征服它的意志力。

你能夠一心一意地貫徹自己的理念，一直到你老去，到你死去，靠的不是天生的體力和腦力等等專屬於青春的本錢，而是你的意志力。你能夠達到任何別人眼中難以企及的目標，靠的也是你的意志力。

意志力是非常可怕的東西，它足以超越身體的極限，完成各種不可能的任務。如果說，一個聯考的三年苦讀你都熬不過，那麼你能想像古人十年寒窗只為金榜題名的意志力嗎？

據說當年的進京趕考，是從中國大陸各省到京城去考試。那個時候不像現在有飛機可搭，有火車可以乘坐。富有的人乘馬車，清寒的人要步行。而且當時的交通不發達，這一去可能一年兩年才能到達，也可能在中途就慘遭盜匪殺害。再說考場的環境也沒有現代那麼先進。除非能挨得住這一路上的苦，否則到不了目的地，完成不了壯舉。

因為意志力，許多清寒的小孩沒有家庭背景也沒有經濟能力，甚至沒有學歷，現在都是赫赫有名的大企業家。他們的環境壓力比一般人大很多，命運的支配比他們能承擔的多很多，但是他們成功了。因為他們具備不被環境打倒的堅強意志力。

哀莫過於心死，當人的意志力不再，未來的可能性也會漸漸消失。

意與歲去

意志力又會隨著時間消磨。

古代沙場上的爭戰，靠擊鳴鼓。鼓聲一振，士氣大作；鼓聲二振，士氣苦撐；鼓聲三作，士氣已竭。

古人說，即知即行，劍及履及。意思就是說，當你的腦袋已經有了一個結論出來，時機正好，你就必須發動你的身體去行動。如果沒有掌握住第一時間的衝勁，一再推託敷衍，那麼這件事情很可能就會被日後的意興闌珊給吞沒。

有些事情憑藉的是一股傻勁。

記得一開始學開車的時候，問遍所有會開車的人開車難不難？危險不危險？幾乎每個人都說很簡單，也都不把它當成一回事。只有家中的長輩非常擔心，擔心不可勝數的突發狀況。

第一次把車子開上道路的時候，雙手都還會發抖。

第一次把車子開上高速公路，一路顫抖著，但是隨著時間一分一秒過去，油門越踩越快，也不覺得恐懼了。

那是一股「有為者亦若是」的傻勁。除了掌控車子之外根本想不到其他。不知道什麼路口可以轉彎，不知道哪裡有測速照相，不去看道路上的速限是多少，不去想這其中的難度。

有人說年紀越大，越難學開車。除了反應的靈活度不如年輕人之外，還有那種不怕的意志力也不如年輕人。當你知道得越多，看得、聽得越多，就越不容易出手。

雖然說凡事要三思而後行，但是三思之後，仍然不能保障你百分之一百的安全無虞。一件事情的成功率就算達到九成，如果你對於剩下的一成缺乏樂觀的傻勁，你還是躊躇不前。

沒有這一股傻勁，任何事情都做不了。

可是這一股傻勁也會隨著年紀消逝。當你看盡繁華，看透世間的一切，懂得精算成敗的機率，老神在在地不出手，也就失去了更多的可能性。

古人說，少不讀水滸，老不讀三國。水滸傳說的是英雄年少的逞兇鬥狠，說的是英雄意氣風發、衝鋒陷陣的故事。年輕人血氣方剛，讀了水滸傳之後往往火上加油，更激發出他們的氣概，養成險躁不顧後果的性子。三國演義說的是權謀，是權謀在背後、圓融在前面的沉穩。老人家對於世間事已經有了一定程度的了解，大概看得清楚可為與不可為之事，不輕舉妄動，所以讀三國演義，只會讓他們更深沉、更沒有行動力和爆發力。

諸葛亮說，意與歲去。意志力將會隨著年紀而消逝。消逝的原因是因為體力不足、腦力不足、精神不足，現實的身體難以承受龐大的壓力和繁瑣的事情。年輕時看起來很簡單的事情，老人看來充滿挑戰，這是身體自然退化的結果。年老，無法承受更多挑戰。

所以你應該要把握年輕歲月，想做什麼就要立即著手，不要等東等西，不要總是在等待，把青春等完了，把情人等走了，把好工作等丟了，把想學的東西等到忘記。

你可以避免失敗，但是你不需要害怕失敗。因為你有體力，失敗了檢討之後，可以從頭開始；因為你有腦力，受到阻礙可以想出任何好方法來處理；因為你有時間，可以在你關注的事情上面不斷努力精進，一次又一次，直到成功為止。

你需要的是即知即行。這個知，包括瞭解和計畫；當瞭解足夠和計畫成形的時候，你就該奮力一搏。

因為當意與歲去的時候，就算你還想用力，也使不上力了。

珍惜當下的幸福

張先生是某知名集團的總裁。在公司，上上下下的人都歸他管理，聽他調遣。回到家中，他也是說一不二，擁有絕對的權威。張先生的妻子非常賢慧，不僅把家中的大小事務料理得井井有條，還經常幫助公婆打掃房間，燒菜做飯。鄰居們都很羨慕張家有這樣一個孝順能幹的好媳婦，可是張先生總是不知足。他認為這一切都是一個妻子應該做的，沒什麼好誇獎。結婚五年了，張先生一直沒有孩子。對此，他耿耿於懷，每次抱怨，妻子都毫無怨言地接受一切指責，沒有任何不滿的情緒。可是張先生的脾氣越來越大，有一次居然動手打了妻子。這一次，妻子沒有再妥協，而是默默地收拾行李搬回娘家。妻子走後，張先生的家裡亂成一團，屋子沒人收拾，東西經常不知道放在哪裡，父母也沒人照料。他雖然請過幾個幫傭，但都不能像自己的妻子那樣盡心盡力，有的居然還偷起了家裡的東西。這讓張先生煩惱無比，甚至影響了工作。漸漸地，他意識到妻子的重要性，便趕到岳父家，向妻子請罪。他的誠懇態度感動了妻子，兩人終於重歸於好。不久，張先生應邀到電視臺做一檔成功人士的訪談節目，當主持人問他什麼叫幸福的時候，他語重心長地說：「幸福就是當下，不要等到失去後才知道擁有的珍貴！」

我們總聽到有人抱怨自己的生活不完美，自己遇見的人和事那麼不如意。在這個物欲橫流的社會裡，每個人都想站在人生舞臺的最高處，擔綱最佳男女主角。然而，當欲望驅使我們爭先恐後、不顧一切地衝撞，最終徒勞無功時，我們才幡然頓悟：原來珍惜現在擁有的才是最大的幸福。可是，在明白這個道理的同時，也許已經失去太多太多了。

一所幼稚園的老師隨機問一個小女孩：「妳覺得自己幸福嗎？」小女孩稚嫩的臉上洋溢著微笑說：「在學校，我有老師和小朋友陪伴，我很幸福。回到家，我有爸爸媽媽在身邊，我也很幸福。」聽完小女孩的話，在場的家長們深受觸動。一個五歲的小孩都能如此珍惜身邊的一切，我們這些成年人為什麼就不能呢？

其實，幸福就像花一樣，在每個人身邊默默地綻放。雖然它也會凋謝，但是在這一朵幸福之花枯萎前，總會有另一朵花正在含苞待放。只要我們用心感受身邊的人和事，就能抓住生活中一點一滴的幸福。

第九堂課

想像的力量——

拆掉思維的牆

第九堂課

想像的力量——拆掉思維的牆

據說《哈利波特》的作者J・K羅琳創作哈利波特的過程是這樣的——那時候，羅琳是一個失婚又帶著小孩獨立生活的單親媽媽，經濟生活很拮据。有一天，她正在搭火車，不經意地向窗外看去。她幻想，會不會憑空出現一個騎著掃帚的小男孩。

哈利波特於是誕生了，就是她腦海裡浮出的那個騎著掃帚的小男孩。

製造飛機的萊特兄弟，看著天上的鳥，期望能像鳥兒飛到天上去。這在當時是接近哈利波特的奇怪幻想，卻在他們為了這個幻想的努力下成真了，人竟然也能飛到天上去！

愛迪生也曾經幻想，沒有煤油、沒有燭火、沒有點燃那些熱騰騰的火苗，是不是也可以讓整個屋子出現亮光？

當時全世界只有他自己一個人這麼幻想，所以也只有他肯為了這個幻想，用了一千多種材料嘗試作燈絲，最後把電燈發明出來。從此以後，不管是風雨交加的夜晚，是室內還是街道，這個世界都可以維持清楚的光明。

在爭戰頻仍的年代，許多人還在為世界和平的幻想做出努力和貢獻。

在疾病瘟疫充斥的年代，許多人還在為可能消除這些疾病的幻想做出努力和貢獻。當所有的人認為不可能更好的時候，總有一些人在作夢，把不可能的更好變成真。

我們的心裡其實都有一個飛翔的哈利波特。雖然大部分的人都已經習慣現狀，還是有少部分人不認同大部分人所認同的現狀；雖然大部分人都覺得已經夠好，還是有少部分人認為不足、還有可能更好。

有人說，小朋友的世界最美麗，因為他們相信城堡、相信正義之神的機器人存在，而成年人只相信正義是人和人之間妥協談判的結果；小朋友相信青蛙會變成王子，而成年人只相信王子本來就是青蛙一隻；小朋友們相信龜兔賽跑是努力的結果，而成年人悲觀看待烏龜的愚笨緩慢，到最後終將一事無成；小朋友相信童話神話，可是成年人只愛聽鬼話連篇。

如果你一開始就不肯相信會有好事發生，那麼好事一定不會出現，因為你拒絕承認它可能存在的事實。

我們應該要保持心裡住著一個小朋友，那個小朋友是可以飛天遁地的哈利波特，是可以把所有幻想都變成真的愛迪生、萊特兄弟，是可以看著天空就看出一個騎掃帚小男孩的神奇魔術師。當我們看了太多成人世界的不可能之後，總要回去擁抱那個小朋友，告訴他一切都還是有可能，只是時間還沒到，只是努力得還不夠，只是在等待上帝慈悲的應許。

沒有美夢，就不會有成真的可能。

思考的力量

思考需要想像力。

讓你的腦袋隨著你的思路浮現影像。

但很多人就是辦不到。

有個男人跟我說，他想像的生活是這樣的：努力工作賺錢，假日的時候享受一家團圓的快樂，或者帶著自己的老婆到郊外去遊山玩水；他不喜歡太吵雜的環境，也不喜歡太複雜的人際關係，這樣簡單的生活就是他的夢想。

他腦袋裡看得見的場景是一家歡笑的客廳、飯桌、電視機前；或者是寧靜的海邊，和心愛的人一起聊天說笑，看著夕陽西沉。

因為這樣的夢想、這樣美麗的場景驅策他，所以他第一個要做的，是找到一個他認為可以廝守終身的伴侶，並且用力珍惜兩個人之間的感情。

有幾次女朋友和他大吵，他都隱忍著，因為他認為女友是一個很好的女孩，就算她再怎麼發脾氣失控都改變不了這個事實。所以，為了小事情而失去這個好女孩，是非常不值得的事情。

但是自己也是會被激怒的，那要怎麼辦？

「出去吹風冷靜就好了。」他說。

關於他那一份既辛苦薪水又不多的工作，他也有一套看法。

他說，他知道可以再找其他可能更好的工作，但是目前只有這一份工作和他未來想做的事情接得上。英雄不怕出身低，他不以為意。

他所擁有的並不十全十美，但是他萬分珍惜，沒有什麼人的言語可以動搖他，沒有什麼打擊可以讓他放棄，因為他看得見自己的未來，而他目前所努力的，都是為了那個美好的藍圖。他不急著成功，因為他知道成功有一定的路程，不需要追趕，賠上自己的生活。

他知道他的路是正確的，往他想要的方向去是對的。

他做著十分的夢，雖然我們都知道，這十分的夢想最後也只能成真八分。可是如果沒有這麼清晰的夢在他心中，他就連一分也無法成真。

電視上訪問一位擁有多家日式料理連鎖店的老闆。

他小時候非常窮苦，有一天他問自己，難道吃一支雞腿都要付出那麼大的代價嗎？有沒有可能的方法，不需要那麼辛苦就能吃到一支雞腿？

他換了許多工作，最後到永康街做日式料理。當別人的茶碗蒸一個要價一、兩百元，他的茶碗蒸一個只賣二十元。那是他的夢，一個不需要昂貴價錢就能吃到美味食物的夢。雖然他大可以叫價更高，可是賺錢的同時，他也在實現小時候的夢。賺錢不是他唯一的目標。

為了繼續這個夢，他排除過去日式料理飽餐一頓動輒上千元的舊例。他想出一套自己的方法，結合許多昂貴的美食在同一家店，用合理的價錢邀請客人到他的餐廳裡面享受那些原本要價數千元的料理。他成功地征服消費者的心。當他的盈餘節節上升，他所想的，不是和大多數生意人一樣，用節省成本的方式貪心地獲得更高的利潤。他說，那些理想之外的利潤，就回饋到更好的食材上。

他的夢，也是大多數人的夢。

尤其是在大台北地區。有的時候，我們看見那些閃亮亮的招牌，那些色香味俱全的美食，都忍不住感嘆——那是有錢人才吃得起的東西啊。

我們都有的這個夢，最後被這一位老闆成全了。不到千元，讓我們吃遍世界各國最好的料理。

沒有想像力的人，最後只能妥協在現實之下，相信別人對你說的可能和不可能。那些人們的玩笑話、嘲諷的話、似是而非的話，最後都會讓你的雄心壯志未戰先敗，化為灰燼。

年輕的世界遼闊無際。你需要的是思考，從無限的可能當中找出自己的一條路，從這條路去建構出你心目中的城堡。然後那個夢就會時常出現在你的面前，砥礪你的心志，指導你的方向。

你雖然不一定能夠十全十美、所向無敵，讓世界臣服在你的腳下，但你至少可以到達這一個夢想的國度。在現實當中，用你的胼手胝足和智慧，打造出這獨一無二、只為你量身訂做的未來。

第九堂課

別讓壓力奪走你的夢

有些人的腦袋沒有思考也沒有作夢的功能。

一位吃搖頭丸的朋友告訴我，吃搖頭丸其實沒什麼，沒有我們想像中那麼可怕和罪惡。他說，只是吃下一顆，就可以忘記煩惱，不斷地跳舞到精疲力盡為止，把旺盛的精力全部晃掉。

我在想，他的話要是被那些躺在病床上養病的老人們知道了，恐怕會氣得從床上跳起來打人吧。

有人在病床上奄奄一息，眼巴巴地看著自己什麼事情都不能做，連吃飯穿衣都不能自己來，居然有人還嫌棄自己太健康、體力太好，用這樣的方法來浪費體力，真是怪事年年有。

我問他為什麼要這樣做？他說因為壓力太大，靠著藥物的搖晃才能讓自己紓解壓力。

那麼他的壓力有多大？這個年輕人家世不算差，樣貌也是萬中選一，學歷更是嚇嚇叫，只不過暫時還沒有找到自己理想的工作。但是靠著家裡的接濟，生活也還算無虞。

如果工作對他來說是個壓力，那麼滿街失業的人又該如何活下去？他們都該死嗎？為什麼他們都還能想盡辦法解除困境呢？

許多人一旦遭遇壓力，就開始逃避現實。

他們用憤怒來逃避現實。當身邊人事物的發展沒有達到他們個人要求的時候，他們用憤怒表達自己的不滿，期望別人受他們威脅恐嚇，進而妥協在他們的期望之下。這是在逃避溝通妥協，放棄尋求雙贏的可能。我們知道事情最好的結果是雙方圓滿，卻總是逃避過程當中所需要的忍耐和智慧，直接要求別人忍耐退讓，達到我們的標準。

問題是，你可能幸運地得到一次、兩次退讓，可能從愛你的人身上得到退讓，可是如果有一天，你遇見不好惹的人，卻還是逃避溝通妥協而硬幹的話，下場是什麼？遇到強者，就把你趕盡殺絕；遇到弱者，就兩敗俱傷。而即便你贏了這一次，也已經得罪人，在這個世界上多出了一個敵人。你自己製造出一顆石頭，隨時砸自己的腳。

有些人用玩樂逃避現實。他們的理由是人生苦短，所以要及時行樂。只不過，古人及時行樂的樂，是教人要懂得享受生活，珍惜生命當中的每一分每一秒。而這些人的行樂，卻是無意義的歡娛。當許多人努力地思索人生問題、工作問題、生活問題，想著有沒有讓一切變得更好的方式，他們選擇的是逃避這些問題，讓靈活的腦袋提早終結在酒色財氣當中。

把待解決的事情放在一邊，你等待的是一個事過境遷，但是往往等到的卻是問題提早浮現，提早威脅你的生活。當你在工作上逃避，你的工作危機就會提早來臨；當你在感情上逃避，你的感情危機就會加速出現。你想要逃得遠遠的，可是逃得了和尚逃不了廟。你的問題只會因為你的逃避而惡化，陷入更棘手的情況。

有些人用相應不理來逃避。可是相應不理的結果，就是事態擴大。

當你逃避一件事，那事就會漫天地向你席捲而來。因為你對它而言是不戰就敗的失敗者，它不找上你還要找誰呢？

用想像力規劃未來

思考，是解決問題的方法。

想像力，是規劃未來的指標。

經由想像力和思考，我們才能規劃出自己的生涯藍圖，也才能為自我成長立下目標，不隨波逐流也不盲從。

諸葛亮告誡他的孩子，如果沒有好好地運用想像能力，找出屬於自己的人生規劃，只是渾渾噩噩，不知所為地過日子，那麼等到青春年華一過，就會「遂成枯落」、「多不接世」、「悲守窮廬」、「將復何及」。

生命會因為沒有努力而枯萎掉落，遠遠追不上現實世界的進步，然後因為這樣的孤立，只能終日鎖在自己的世界當中悔恨，可是這個時候已經來不及了。

上天賜給我們一顆清醒的腦袋，不一定可以讓我們當個發明家、藝術家、音樂家，或者是什麼具有深謀遠見的英雄，可是絕對可以讓我們好好運用想像的力量和思考，創造出屬於自己獨一無二的人生。

也只有你自己的腦袋可以告訴你該怎麼做，沒有任何其他人可以代勞。

以工作為例，如果你選擇了一份可以賺很多錢，但是相對要付出極大代價的工作，那是在你的想像當中，你看到擁有財富的快樂；在你的思考當中，你認為這樣做是達到目標正確的路。你認為付出的代價都是值得的。換成別人，只會悔恨自己在其中付出的代價太大。

以愛情為例。如果你選擇了一份不安的感情，是因為在你的想像當中，愛情就是那個樣子，你看到其中的浪漫動人；在你的思考當中，你認為為此付出的不安代價是你達到這個目標唯一的路。你認為付出的代價都是值得的。換成是別人，只會悔恨自己在其中付出的代價太大。

路，是你自己走出來的；快樂與否，只有你自己感受得到，因為人是獨一無二的個體，擁有獨一無二的人格。

做人不應該隨波逐流。這世界上的好事情太多，你的雙手不可能全部掌握，只能篩選你認為值得的東西，並且全盤規劃出你要的。這個世界上似是而非的道理太多，你如果一一遵循，只會像無頭馬車一樣，東跑跑西跑跑，永遠達不到你的目的地。

這世界上的誘惑也太多，你要東沾一下西沾一下，一輩子沾不完，可是你的人生就這麼耗完了。

只有你才是主體，你是自己舞台的主人，沒有你的允許，任何人都不可以到你的舞台上演戲，也沒有任何一件東西可以出現在你的舞台。

你所要做的，只是認識自己，找出自己的夢想和道路，挖掘出自己的潛力和信心。然後關上你的眼睛，閉上你的耳朵，把那些身外的好東西暫時放到一旁去，把你的人生目標找出來，將到達這個目標的路徑畫出來，然後一心一意朝著這個目標前進。

這一路上，你始終都要知道自己是什麼，要什麼，不要什麼。

而不是人生過了大半，還在搖搖晃晃，還在人云亦云，還在說著夢話、做著和夢想不相干的事情。

環境的勢力是很強，誘惑的果實很香甜，但只要不是屬於你的，就算你得手了，也享受不到；就算你占有了，也擁有不了。短暫的歡娛氣氛撐不過明天。

這就是我們所說的人本主義。只有人，才是所有物質的主人；只有人，才是支配快樂的主體；只有人，才是決定好壞、是非對錯的主宰。而這樣的權利和能力，在於每一個人身上，並非專屬於少數的權力人物。

在諸葛亮的誡子書當中，我們看見了他如何告誡自己的兒子，關於美好的人生，是從想像力、安靜、思考、創造人生藍圖開始。有了這樣的立場和覺悟，就不需要擔心挫敗，因為有夢支持；不用擔心誘惑，因為有夢為伴。你需要的是從這裡出發，從過程當中精進自己的學業、陶冶自己的性情、增進自己的智慧，讓自己更為成熟圓滿，臻於「無入而不自得」的境界。

第十堂課

精簡的力量——

言簡意賅比長篇大論更有力量

精簡的力量——言簡意賅比長篇大論更有力量

山不在高，有仙則靈；

水不在深，有龍則靈。

有人說，外行的看熱鬧，內行的看門道。看熱鬧每個人都愛，每個人都會；可是沒有一些功力和經驗，看不了門道。

諸葛亮寫給兒子的一封信，只用了短短八十六字，精簡地傳遞了具體的訊息。

這封信的主體完全圍繞著人生的大方向來寫，沒有求官求名求利，但求諸己。這封信當中對於兒子的要求，也不過是反求諸己。

求諸己，掌握自己的方向，這是信文通篇的主旨。因為諸葛亮深知，除非能把持住自己，抵抗外界的誘惑，否則，再多的加官晉爵，再多的財富田產，都找不回一個人的自我，也無法讓一個人從這些外界影響中得到任何對自己有幫助的事情。

孩子的不迷失，是作為父親的最大期望。

只要不迷失，就可以走出自己的路，創造出自己的一片天。

在這短短的八十六個字當中，簡短的說明如何保留思考的空間，也保留讓自己的孩子用生活去印證這些道理的空間。

要能將這些深意精簡成八十六個字，一語說明，並不是一件容易的事情。一句話要能涵蓋人生的所有難關，談何容易？這其中如果沒有自身經驗的粹練，不斷地用思考去整合生活閱歷，是無法達到的。

一輩子要面臨的事情很多，不管是成功或者失敗，不管是罪惡或者良善，此間的選擇並不容易。在所有環境因素的引導之下，事情有各種可能的發展，也有各種解決的方法。只是，你應該如何找對方法，不讓你的處理引申出更多問題，而是能夠真正解決問題、解除難關。

就拿賺錢來說。賺錢是天經地義，可是賺錢的方法有很多種，從偷搶拐騙到安居樂業；從努力工作到投資理財；從大是大非的事情到小奸小惡的事情，都可能讓你賺錢。可是，你要選擇哪一種？如果說，君子愛財，取之有道，那麼這個道的基本準則在哪裡？你該做不該做的份際在哪裡？

諸葛亮說，「險躁則不能冶性」，所以賺錢應該「循序漸進」，不宜險躁行事。諸葛亮又說，「儉以養德」，如果你無法破除奢華的金錢觀，就很容易為了金錢而迷失自己應該持有的美好德性。你的金錢觀應該是量入為出，而不是為了獲取更奢華的享受不擇手段。

當我們難以抉擇的時候，諸葛亮說，「非寧靜無以致遠」。除非冷靜思考，否則你無法得到正確的答案，也不能保障你的生活穩定。

這些話語出自一位「絕世奇才」、「治世能臣」的生活結晶。短短的數十字當中，留給我們無限反思的空間。他告訴我們的，是一個做人的基本準則，不只為人，為道德，更重要的是，為了一個不迷失的自我。

八十六個字的智慧

我們統整這八十六個字，可以找出幾個重點，這幾個重點囊括了人生最重要的幾件事情：

一、安靜

諸葛亮要求他的兒子隨時保持安靜的心，從安靜中去學習，從安靜中修養自己的性情、思考自己的未來。

「靜以修身」、「非寧靜無以致遠」、「學須靜也」、「險躁則不能治性」。

安靜自己，是為了修身，為了治學，為了養性，更為了每一個決策的眼光，都能放長到最遠。

一個「靜」字，足以修正人生過程當中錯誤的決策，修養身心達到不被外物動搖的境界，足以將自己充實足夠。這樣一個字，是諸葛亮從人生經驗反覆成功和挫敗當中的結論。也就是說，它適用於成功，也適用於失敗，並且適用於各種抉擇。

二、把握時間

莫等「年與時馳」、「意與歲去」。

人只有在失去的時候才知道珍惜，而時間的流逝最無情，也最令人毫無知覺。雖然很多人都知道要把握時間，但是無法體認其重要性，總以為青春是揮霍不盡的。諸葛亮告訴他的兒子，把握時間同時也是把握時機。該出手的時候，不可怠慢。

三、讀書

唯有吸收知識，我們才能有所長進，讓自己更有智慧，也更有能力迎向人生的每個挑戰。所以諸葛亮的誡子書當中一再提到學習這件事情。他說，「才須學也」、「非志無以成學」、「非學無以廣才」。

年輕人總是愛玩，不愛唸書，無法體認到「知識就是力量」，諸葛亮則給了非常嚴正的督促。

四、立志

在諸葛亮誡子書當中，立志是最根本的主軸。他說，「非志無以成學」。

成學是立志第一件要完成的事。我們都知道求學是非常苦的，除非先立志，以這樣的志向去追尋目標，征服萬難，然後我們才可能從浩瀚的知識之海，求得一點點「懂」。

而我們的人生方向，也要從這個基礎出發，才能夠無所動搖，無所退縮地，一路達成我們的理想。
時代和環境都在改變，可人生的幸福，和身為一個人的基本需求是不會改變的。即使科技再怎麼進步，也始終來自人性，都是以人為本。
所以，身為一個人的基本需求和幸福不會改變，這些基本原則也不應該跟著時代和環境改變，危害了安身立命的基本之道。
期望這八十六個字能夠穿越時空，深入現代人心，將我們曾經的迷失拉回正途。

附錄

一、關於諸葛亮在《三國演義》的始末

在《三國演義》，諸葛亮是到第三十六回才現身，標題是「玄德用計襲樊城，元直走馬薦諸葛」。

簡單介紹就是，劉備的謀略大臣徐庶，因為其母遭到曹操威脅，所以無法繼續在劉備身邊為其獻計策劃。劉備要送走徐庶的時候悲痛不已，表達出他無限的不捨，以及對國家前途的憂心，這讓徐庶很感動。於是，原本已經策馬離開的徐庶，沒多久就拍馬而回，向劉備獻「人」——一位在徐庶口中的「絕世奇才」。這個人就是諸葛亮。

三國演義對於這段情節是這樣描述的。

正望間，忽見徐庶拍馬而回。玄德曰：「元直復回，莫非無去意乎？」遂欣然拍馬向前迎問曰：「先生此回，必有主意？」庶勒馬謂玄德曰：「某因心緒如麻，忘卻一語。此間有一奇士，只在襄陽城外二十里隆中。使君何不求之？」玄德曰：「敢煩元直為備請來相見。」

庶曰：「此人不可屈致，使君可親往求之。若得此人，無異周得呂望、漢得張良也。」玄德曰：「此人比先生才德何如？」庶曰：「以某比之，譬猶駑馬並麒麟、寒鴉配鸞鳳耳。此人每嘗自比管仲、樂毅；以吾觀之，管、樂殆不及此人。此人有經天緯地之才，蓋天下一人也。」

玄德喜曰：「願聞此人姓名。」庶曰：「此人乃瑯琊陽都人，複姓諸葛，名亮，字孔明。乃漢司隸校尉諸葛豐之後其。父名珪，字子貢，為泰山郡丞，早卒。亮從其叔玄。玄與荊州劉景升有舊，因往依之，遂家於襄陽。後玄卒，亮與弟諸葛均躬耕於南陽，嘗好為梁父吟。所居之地，有一岡，名臥龍岡，因自號為臥龍先生。此人乃絕代奇才，使君急宜往駕見之。若此人肯相輔佐，何愁天下不定乎？」玄德曰：「昔水鏡先生曾為備言：『伏龍、鳳雛，兩人得一，可安天下。』今所云莫非即伏龍、鳳雛乎？」庶曰：「鳳雛乃襄陽龐統也。伏龍正是諸葛孔明。」玄德踴躍曰：「今日方知伏龍、鳳雛之語。何期大賢只在目前。非先生言，備有眼如盲也！」後人有讚徐庶走馬薦諸葛詩曰：

痛恨高賢不再逢，臨岐泣別兩情濃。片言卻似春雷震，能使南陽起臥龍。

諸葛亮死於三國演義當中的第一〇四回，標題是「隕大星漢丞相歸天，見木像魏都督喪膽」。內容描述如下。

卻說姜維見魏延踏滅了燈，心中忿怒，拔劍欲殺之。孔明止之曰：「此吾命當絕，非文長之過也。」維乃收劍。孔明吐血數口，臥倒床上，謂魏延曰：「此是司馬懿料吾有病，故令人來探視虛實。汝可急出迎敵。」

魏延領命，出帳上馬，引兵殺出寨來。夏侯霸見了魏延，慌忙引軍退走。延追趕二十餘里方回。孔明令魏延自回本寨把守。

姜維入帳，直至孔明榻前問安。孔明曰：「吾本欲竭忠盡力，恢復中原，重興漢室，奈天意如此，吾旦夕將死。吾平生所學已著書二十四篇，計十萬四千一百一十二字，內有八務、七戒、六恐、五懼之法。吾遍觀諸將，無人可授，獨汝可傳我書。切勿輕忽！」

維哭拜而受。孔明又曰：「吾有『連弩』之法，不曾用得。其法矢長八寸，一弩可發十矢，皆畫成圖本，汝可依法造用。」維亦拜受。孔明又曰：「蜀中諸道，皆不必多憂，惟陰平之地，切須仔細。此地雖險峻，久必有失。」又喚馬岱入帳，附耳低言，授以密計，囑曰：「我死之後，汝可依計行之。」

岱領計而出。少頃，楊儀入。孔明喚至榻前，授與一錦囊，密囑曰：「我死，魏延必反，待其反時，汝與臨陣，方開此囊。那時自有斬魏延之人也。」孔明一一調度已畢，便昏然而倒，至晚方甦，便連夜表奏後主。後主聞奏大驚，急命尚書李福，星夜至軍中問安，兼詢後事。李福領命，趲程赴五丈原，入見孔明，傳後主之命。問安畢，孔明流涕曰：「吾不幸中道喪亡，虛廢國家大事，得罪於天下。我死後，公等宜竭忠輔國。國家舊制，不可更易。吾所用之人，亦不可輕廢。吾兵法皆授與姜維，他自能繼吾之志，為國家出力。吾今命已在旦夕，當即有遺表上奏天子也。」

李福領了言語，匆匆辭去。孔明強支病體，令左右扶上小車，出寨遍觀各營，自覺秋風吹面，徹骨生寒，乃長歎曰：「再不能臨陣討賊矣！悠悠蒼天，曷此其極！」歎息良久。回到帳中，病轉沉重，乃喚楊儀吩咐曰：「馬岱、王平、廖化、張翼、張嶷等，皆忠諒死節之士，久經戰陣，多負勤勞，堪可委用。我死之後，凡事俱依舊章而行。緩緩退兵，不可急驟。汝深通謀略，不必多囑。姜伯約智勇足備，可以斷後。楊儀泣拜受命。孔明令取文房四寶，於臥榻上手書遺表，以達後主。表略曰：

伏聞生死有常，難逃定數。死之將至，願盡愚忠：臣亮賦性愚拙，遭時艱難；分符擁節，專掌鈞衡；興師北伐，未獲成功；何期病入膏肓，命垂旦夕；不及終事陛下，飲恨無窮！伏願陛下清心寡慾，約己愛民；達孝道於先皇，布仁恩於宇下；提拔幽隱，以進賢良；屏斥奸邪，以厚風俗。

臣家有桑八百株，田五十頃，子孫衣祿，自有餘饒。至於臣在外任，隨身所需，悉仰於官，不別治生產。臣死之日，不使內有餘帛，外有餘財，以負陛下也。

孔明寫畢，又囑楊儀曰：「我死之後，不可發喪。可作一大龕，將吾屍坐於龕中，以米七粒，放吾口內；腳下用明燈一盞；軍中安靜如常，切勿舉哀，則將星不墜。吾陰魂更自起鎮之。司馬懿見將星不墜，必然驚疑。吾軍可令後軍先行，然後一營一營緩緩而退。若司馬懿來追，汝可布成陣勢，回旗反鼓。等他來到，卻將我先時所刻木像，安於車上，推出前軍，令大小將士，分列左右。懿見之必驚走矣。

楊儀一一領諾。是夜孔明令人扶出，仰觀北斗，遙指一星曰：「此吾之將星也。」眾視之，見其色昏暗，搖搖欲墜。孔明以劍指之，口中念咒。咒畢，急回帳時，不省人事。

眾將正慌亂間，忽尚書李福又至；見孔明昏絕，口不能言，乃大哭曰：「我誤國家之大事也！」須臾，孔明復醒，開目遍視；見李福立於榻前，孔明曰：「吾已知公復來之意也。」福謝曰：「福奉天子命，問丞相身後，誰可任大事者。適因匆遽，失於諮請，故復來耳。」孔明曰：「吾死之後，可任大事者，蔣公琰其宜也。」福曰：「公琰之後，誰可繼之？」孔明曰「費文偉可繼之。」福又問：「文偉之後，誰當繼者？」

孔明不答。眾將近前視之，已薨矣。時建興十二年秋八月二十三日也，壽五十四歲。後杜工部有詩歎曰：

長星昨夜墜前營，訃報先生此日傾。虎帳不聞施號令，麟臺誰復著勳名。空餘門下三千客，辜負胸中十萬兵。好看綠陰清晝裡，於今無復近歌聲！

白樂天亦有詩曰：

先生晦跡臥山林，三顧欣逢賢主尋。魚到南陽方得水，龍飛天外便為霖。託孤既盡慇懃禮，報國還傾忠義心。前後出師遺表在，令人一覽淚沾襟。

初，蜀長水校尉廖立，自謂才名宜為孔明之副，嘗以職位閒散，怏怏不平，怨謗無已。於是孔明廢之為庶人，徙之汶山。及聞孔明亡，乃垂泣曰：「吾終為左衽矣！」李嚴聞之，亦大哭病亡。蓋嚴嘗望孔明復收己，得自補前過；度孔明死後，人不能用之故也。後元微之有贊孔明詩曰：

撥亂扶危主，慇懃受託孤。英才過管樂，妙策勝孫吳。凜凜出師表，堂堂八陣圖。如公存盛德，應歎古今無！

是夜，天愁地慘，月色無光，孔明奄然歸天。姜維、楊儀遵孔明遺命，不敢舉哀，依法成殮，安置龕中，令心腹將卒三百人守護。隨傳密令，使魏延斷後，各處營寨一一退去。

二、關於諸葛亮的歷史考究

諸葛亮，三國蜀漢人。（生歿為西元一八一～二三四，享年五十四歲）

諸葛亮，字孔明，三國蜀漢琅琊郡陽都人（今山東省沂水縣）。少年時即父母雙亡，後遂追隨其叔父避亂於荊州，並且隱居於南陽。他常自比古時忠臣名相，如管仲、如樂毅，愛唱《梁父吟》，結交的眾士有龐德公、龐統、司馬徽、黃承彥、石廣元、崔州平、徐庶等。其中，徐庶就是將諸葛亮推薦到劉備身邊為其謀略的朋友。其智謀為大家所公認，也為後人津津樂道，人稱「臥龍先生」。娶黃承彥之女為妻。

劉備屯兵新野時，徐庶為幕僚，因曹操取其母，模仿徐庶母字跡召回徐庶。徐庶心知若不聽從，其母安危有虞，但為顧全忠義之心，也被劉備的禮賢衷誠感動，於是臨走前向劉推薦諸葛亮。後來劉備以其誠心三訪其廬，諸葛亮才與其相見，並立刻提出了著名的《隆中對》為策。

在《隆中對》當中，諸葛亮建議劉備占據荊、益二州，並聯合孫權對抗曹操、統一天下。深得劉備的讚賞，也頗獲劉備的心，自此成了劉備主要輔佐。後助劉備敗曹操於赤壁，佐定益州，使原本勢力最小的蜀漢，與魏、吳成為三國鼎足之勢。在曹丕代漢自稱為帝後，劉備也另稱帝，並且由諸葛亮出任丞相，總理國家大事，使關羽鎮守荊州。

章武三年（西元二二三年）春，劉備在永安病危，召來諸葛亮囑託後事。劉備對諸葛亮說：「君才十倍於曹丕，必能安國，終定大事。若嗣子可輔助，便給以輔助；若其不才，您可取而代之。」諸葛亮一聽，惶恐哭道：「臣必竭心盡力相輔，效忠貞之節，死而後已！」未料這句話一語成讖。

後主，也就是傳說中的阿斗即位之後，諸葛亮受封武鄉侯，建立丞相府以處理日常事務，又兼任益州牧。當時，全國的軍、政、財，事無大小，皆由諸葛亮決定。

諸葛亮執政之後，首先要辦的第一件大事，就是恢復與孫權的東吳外交關係。劉備死後，東吳一方面繼續向勢力更大的曹魏稱臣，但另一方面尚未拿定主意怎樣對蜀，猶疑之際仍陳大軍於蜀的邊境。於是諸葛亮派尚書鄧芝出使東吳，欲說服孫權與蜀漢聯合抵抗曹魏，與魏斷絕關係。

南中諸郡在劉備東伐之時，受東吳策動而叛亂，嚴重威脅蜀漢後庭。諸葛亮執政後，與東吳恢復邦交，切斷了南中的外援。經過兩年調養之後，諸葛亮上書後主劉備之子，決心出兵征伐，平定南中叛亂。

建興三年（西元二二五年）春，諸葛亮率領大軍，兵分三路，征伐南中。在此次戰爭中，諸葛亮對叛軍首領孟獲採用攻心戰術，對孟獲七擒七縱，最後終於使其心悅誠服歸依。在平叛戰鬥結束，大獲全勝之後，諸葛亮採取「眾建諸侯少其力」的西漢初年經驗，將南中的四郡分為六郡，分化其中的勢力。其中，叛亂中心建寧郡被分得最細。而且此後蜀漢起用了大量土著大姓為官吏，達到不留軍隊、不運糧草，又能治理該地的目的，這是最早的地方自治。其後，諸葛亮也徵調南中「青羌」萬餘家入蜀，以其青壯組成騎兵五部，號稱「飛軍」；接著又設立庲降都督，掌管南中軍政。在該年的十二月，諸葛亮終於率軍回到成都。

建興五年（西元二二七年）三月，諸葛亮上《出師表》於後主，率軍至漢中，準備北伐曹魏。他先在漢中練兵約一年，然後北攻。魏南安（今甘肅隴西）、天水、安定（今甘肅涇川）三郡當即降蜀。當時魏明帝親赴長安督戰，以曹真督關右諸軍，採用以防守為主的戰略。蜀軍先揚言要由斜谷道攻取郿縣，並使趙雲、鄧芝率一軍據箕谷（今陝西褒城西北）為疑軍，諸葛亮率主力西攻祁山。參軍馬謖領一軍為先鋒，駐街亭。馬謖指揮不當，大敗於魏軍，丟失街亭。蜀軍失去前進的據點，只好退回漢中（正史並無「空城計」退司馬懿軍之說）。

為此，諸葛亮揮淚斬馬謖，並上書自貶三級，以右將軍官執行丞相之職。

建興六年（西元二二八年）冬，魏軍三路攻吳，關中空虛。此時諸葛亮再次率軍北伐。蜀軍此次出大散關，圍攻陳倉二十餘日不下，糧盡而退。

建興七年（西元二二九年），諸葛亮第三次率軍北伐。蜀軍西向，取魏武都、陰平二郡而回。諸葛亮復任丞相。

在這一時期，諸葛亮與李嚴失和為引人關注的焦點。本來，他們兩人同受劉備託孤，共同輔佐後主。此後一直到建興四年（西元二二六年），兩人關係還比較好，諸葛亮在與孟達的信中還稱讚李嚴。但是不久之後，李嚴寫信給諸葛亮，建議利用掌握朝政大權的便利，像曹操那樣進爵封王，接受「九錫」，而這樣他也能撈到若干好處。但是這些話聽在諸葛亮的耳中，想起劉備臨終前對他付出一片赤誠，不惜把江山交給他，當然無法忍受李嚴對他的策動謀反。諸葛亮對此非常生氣，於是在回信中狠狠批評了李嚴一番。

不久之後，諸葛亮在即將伐魏前，調李嚴帶他所轄的二萬軍隊來鎮守漢中。可是李嚴早已被權位薰心，無論如何也要得到一個好處。他討價還價，要諸葛亮從益州東部劃出五郡設立江州，讓他當江州刺史，致使調動未成。後來，諸葛亮以大局為重，也就妥協了李嚴的要求。

建興七年，陳震在出使東吳前，找諸葛亮彙報李嚴的巧詐問題，特別談到李嚴早年在家鄉為官時的一些劣跡，但沒引起諸葛亮的重視。

建興八年（西元二三〇年），曹軍欲三路攻蜀，諸葛亮再次要李嚴帶二萬軍隊到漢中坐鎮，可是李嚴又討價還價。諸葛亮即做讓步，任命其子諸葛尚為江州都督督軍，以接替李嚴調走後的工作，李嚴這才肯執行調動命令。

建興九年（西元二三一年），諸葛亮第四次伐魏，命李嚴在漢中負責後勤供應，李嚴未及時籌集到糧草，便寫信給諸葛亮說皇上命令退兵。諸葛亮退軍後，他又欺騙朝廷說此次退兵是為了誘敵，雙面呈報。待諸葛亮回來後，他又故作驚訝：「軍糧已經夠用，為何突然退兵？」於是，諸葛亮終於再也不可忍受。他在上朝時拿出李嚴的書信為據，與許多將士一道簽名上表，彈劾李嚴，將其免為庶人，流放到梓潼。

建興十二年（西元二三四年）二月，諸葛亮第五次北伐，以大軍出斜谷，據五丈原（今陝西岐山縣南四十里）。此次出兵，原本事先與東吳約好同時攻魏。但東吳觀望局勢，遲遲不肯發兵，一直到五月，孫權才派陸遜、諸葛瑾率兵屯江夏、沔口（今湖北漢口），進攻襄陽，而孫權自己則率大軍圍合肥新城。對此，魏明帝的策略是先挫敗東吳。他親率水軍東征，讓西守的司馬懿堅守不戰，蜀軍糧盡自退。當孫權得知魏明帝的企圖之後，認為己方竟然反客為主，變成了主戰場，深覺吃虧，於是立刻令全線撤軍。

在西線，諸葛亮鑑於以往的教訓，便分兵屯田，打算久駐。這年八月，諸葛亮突患急病，暴卒於前線，死時年紀五十四歲。諸葛亮一死，蜀軍全線撤軍。而諸葛亮對於生死的看法，在他的遺囑中可以清楚得知。諸葛亮的遺囑寫道：「葬於漢中定軍山，就在山坡中挖一個墳，墳坑可裝下棺材便行了。穿平常的衣服，不隨葬器物。」

國家圖書館出版品預行編目資料

思想決定力量-諸葛亮86個字的誡子書：教會你面對人生的10種力量 / 鄭絜心著.
——第一版——臺北市：老樹創意出版中心出版；
紅螞蟻圖書發行，2018.06
面　；　公分——(New Century；65)
ISBN 978-986-6297-89-2（平裝）

1.修身

192.1　　107007941

New Century 65

思想決定力量

諸葛亮86個字的誡子書：教會你面對人生的10種力量

作　　者／鄭絜心
發 行 人／賴秀珍
總 編 輯／何南輝
校　　對／胡慧文
封面設計／鄭年亨
美術構成／上承文化
出　　版／老樹創意出版中心
發　　行／紅螞蟻圖書有限公司
地　　址／台北市內湖區舊宗路二段121巷19號（紅螞蟻資訊大樓）
網　　站／www.e-redant.com
郵撥帳號／1604621-1　紅螞蟻圖書有限公司
電　　話／(02)2795-3656（代表號）
傳　　真／(02)2795-4100
法律顧問／許晏賓律師
印 刷 廠／卡樂彩色製版印刷有限公司
出版日期／2018年 6 月　第一版第一刷

定價 200 元　港幣 67 元

ISBN 978-986-6297-89-2　　Printed in Taiwan